王晓川／主编

说学：一所学校成功的实践

世界图书出版公司

图书在版编目（CIP）数据

中国教育领航 . 第二辑 / 严华银主编 . -- 北京：
世界图书出版公司 , 2021.8
ISBN 978-7-5192-8643-9

Ⅰ . ①中… Ⅱ . ①严… Ⅲ . ①教育－研究－中国
Ⅳ . ① G52

中国版本图书馆 CIP 数据核字 (2021) 第 103693 号

书　　　名	中国教育领航 . 第二辑	
（汉语拼音）	ZHONGGUO JIAOYU LINGHANG.DI-ER JI	
主　　　编	严华银	
总　策　划	吴　迪	
责　任　编　辑	王林萍	
装　帧　设　计	包　莹	
出　版　发　行	世界图书出版公司长春有限公司	
地　　　址	吉林省长春市春城大街 789 号	
邮　　　编	130062	
电　　　话	0431-86805551（发行）　 0431-86805562（编辑）	
网　　　址	http：//www.wpcdb.com.cn	
邮　　　箱	DBSJ@163.com	
经　　　销	各地新华书店	
印　　　刷	保定市铭泰印刷有限公司	
开　　　本	787 mm×1092 mm　 1/16	
印　　　张	127.25	
字　　　数	2 222 千字	
印　　　数	1—5 000	
版　　　次	2021 年 8 月第 1 版　 2021 年 8 月第 1 次印刷	
国　际　书　号	ISBN 978-7-5192-8643-9	
定　　　价	880.00 元（全 10 册）	

丛书编委会

主　　　任：王仁雷

主　　　编：季春梅

副　主　编：回俊松

编 委 成 员：季春梅　回俊松　严华银

策　划　人：严华银

本书编者

主　　　编：王晓川

副　主　编：马德虎　丁瑞芳　马瑞雪

编 写 成 员：胥沉秀　马　娟　马学芬

　　　　　　罗伊朦　刘　伟　丁晓丽

　　　　　　刘　浩　苑耀文

其言不立，何以成"家"

——教育家型校长思想生成之道

当我们把教育家型校长的发展目标定位在"立功立德立言"的高度，且将"立言"作为其发展的至高境界时，在教育家型校长成长与培养的过程中，发展主体和培养主体都会全力关注：如何培育教育家型校长的教育思想？如何帮助校长凝练教育思想？而最无法绕过的问题则是，我们今天究竟需要怎样的教育思想？

改革开放后，中国教育经历过短暂的辉煌后，忽然在商业化、市场化的大潮中受到强烈冲击，很快，外延扩张式发展与内涵跟进不及发生矛盾冲突，直至今天，以分数为评判标准的应试升学的热情从来就高烧不止。课程改革、核心素养改革，一场又一场倡导素质教育、立德树人的改革，尽管取得了令人瞩目的成绩，为我国几十年的经济、社会事业发展提供了强有力的人才支持，但我们也不能不看到，整体上，青少年的道德素养、综合能力、创新精神的培养还有明显不足，在一流杰出科技人才队伍的打造方面，还存在很多困难。从最近几年出现的问题看，人才品质问题、高品质人才教育问题，可能是影响和制约中国未来发展的至关重要的问题。

教育的问题当然不仅仅是教育本身的问题。但作为教育人，也还是要较多地考虑从教育本身来着手解决教育问题。参与了两届国家层面的教育家型校长培养工程，走进这些校长的内心和他们所在的学校，了解他们成长和发展的历程，我们最为深切的体会就是，校长、学校、教育的根本问题，一定是教育思想、教育价值观问题。尤其是校长，假如我们仍然认可有什么样的校长，就有什么样的学校，那么我们就可以说，有什么样的教育价值观，就有什么样的校长。从这一角度看，研究近几十年来的教育，研究教育的问题，首先必须关注教育思想和价值观的问题。

最近这几十年间，我们究竟有什么样的教育思想和价值观呢？比如说，我们有"为学生一生的幸福奠基"的"奠基说"，有"坚守儿童立场"的"立场说"，还有"没有教不好的学生，只有不会教的老师""办孩子喜欢的学校""教育就是服务""让学生永远站在课堂的中央"等一系列被某些人认为富有创意、极为宏大甚至伟大的教育观点和追求。但这些从某一角度和维度看非常正确的教育思想，联系教育方针确定的培养目标、学校教育和学生发展的实际，联系近年来教育和社会出现的种种问题，就会发现其中的偏执和矛盾，就会发现其给具体实行教育的学校管理者和教育者带来的问题不可小觑。一国教育的终极目标，是不是仅仅就为着生命个体一己之幸福，还要不要对家庭、家乡和家国的关怀和奉献？过分强化一己之幸福，无限滋长个人和利己主义倾向，与现实中许多社会问题的集中出现有没有某些关联呢？教育的意义在于引领成长，片面强调学生单向的"喜欢"，片面强调"儿童立场"，那教师、学校和教育的立场还有没有、要不要呢？如果没有和不要，那孩子是不是就可以野蛮生长，或者永远停留在儿童时代呢？一味地强调学生的可塑性，否定教育的复杂性，将教师置于无可再退的墙角，将教育和学校的责任增至"无限"，意义何在呢？原本教师主导、学生主体的非常正常的课堂关系，一句浪漫主义的文学夸张，让教师们不能不愕然：课堂里，学生站在"中央"，那我"站着"还是"坐着"，又在哪里是好呢？许多年来，有这样一种观点，凡不管用什么方法、怎样的表达，只要是为学生讲话，再怎样过分地讲话，从来都是正确的，一片叫好并跟风；相反，为教师讲话，讲传统和传统教育，讲孔孟、《学记》，讲朱熹、王阳明、陶行知，讲几十年教育中的本土实践、经验，响应者、问津者似乎寥寥。我们以为，上述种种轻忽教育立场、弱化教育力量、虚化教师地位、教育理念表达"文学化"的现象，与"教育领域中某些教育者唯西方是从，漠视国情、漠视教育传统，轻视甚或蔑视本土实践和本土经验的教育研究风气"紧密相关。于是，这些人要么把教育做成了西方教育哲学的跑马场，言必称建构主义，到处必说佐藤学；要么就是信口开河，语不惊人死不休，把原本属于科学的教育，几乎化作了浪漫想象、天马行空的"文学"。

今天，中国教育"转型"发展，"高品质学校"建设任重道远，尤其需要成千上万的教育家型校长突破现实某些教育思想和教育实践的误区，努力建构自己的卓越的教育思想，"领航"千千万万学校，"领航"区域教育，"领航"中国教育，解"唯分"困局，破"应试"冰山，实现党中央、国务院提出的完善"德智体美劳全面培养体系"，健全"立德树人落实机制"的改革目标。

何为教育思想？教育思想本不神秘，并不像某些人理解的那样高深莫测。它实际所指就是办学思想，即校长对于教育的认识、理解、见解、主张、理念、观点，在具体的办学实践中的执行和落实，或者说是从学校的教育教学和管理行为中梳理总结出来的教育理念和思想。它包括教育观、课程观、教学观、教师观、学生观等。这为任何一所学校任何一个校长所具有。

但从上述分析可知，由于种种因素，不同学校、不同校长，其教育思想又有高下之别。真正卓越的教育思想，一定是共性与个性的统一，一般与特殊的统一，坚守与开放的统一。真正优秀的教育思想，一定是切近人性，尊重科学，符合规律的；真正优秀的教育思想，一定是指向道德，关乎人格，追求情怀的；真正优秀的教育思想，也一定是基于本土，博采他山之石，合于教育价值的。

据此，我们来研究教育家型校长卓越的教育思想的建构问题。

第一，崇高道德必须成为教育思想的内核。让"社会主义事业的建设者和接班人"与"立德树人"的方针、目标和价值观落地，就必须旗帜鲜明、大张旗鼓地弘扬人格与道德、情怀与境界的教育追求。以善良诚厚为本，不断锤炼个性、意志、品格，正确处理好己与人、私与公、个体与群体的关系。传承中华传统，见贤思齐，修身齐家，奉献祖国，达成个人价值和民族伟大复兴的统一。美国普林斯顿大学以"普林斯顿——为了给国家服务"为校训；清华大学以"厚德载物，自强不息"为校训；南开大学以"允公允能，日新月异"为校训；江苏省锡山高中以"做站直了的中国人"为校训，可以说，这些都是办学主体对于教育本质的精准理解和把握。将教育思想的内核由过于偏重个体、个性和个人的幸福的"小我"追求，"转型"至对于家乡、家国、民族的大爱与奉献，达成个人价值与民族复兴统一的"大爱"情怀，既是时代发展的迫切需要，也是社会主义核心价值观的体现，更是教育的根本意义和价值所在。而这一问题的解决，需要校长们站位高远，秉持理想，需要校长们全神贯注、全力以赴。

第二，建构教育思想迫切需要校长们思维理性的修炼和提升。教育思想的重要特点是富于个性，是校长在教育教学实践和办学实践中基于教育的个性化理解而逐渐成熟的办学理想和育人理想，但任何教育思想又必须契合国家主流的教育价值观。个性与共性的统一可以说是教育思想确立的基本原则。教育思想是关于教育问题的本质表达，所以需要拨开云雾，不被表象所迷惑。就育人而言，道德、人格、思维、理性、创新都应是其不可或缺的元素。不仅如此，在凝练教育思想的过程中，还得借助辩证思维、逻辑思维等，处理好传统与现代、人文与科学、传承与创新、借鉴与坚守、专家引领与自主建构的关系。

第三，教育思想的成熟，从来都伴随实践，且伴随实践反思。教育思想首先是优秀校长的，是优秀校长在办学实践中逐渐形成的。办学和教育实践是教育思想之根。从实践之根出发，长出教育之参天大树，并最终凝结为思想之果。这一浩大工程、漫长过程，伴随的是实践主体——校长的不断修剪、打理、矫正和选择，也就是说，反思、改进、践行、循环往复，追求最好，走向更好，是教育家型校长教育思想成熟的必由之路。福建三明学院附小林启福校长带领学校教师，借助专业支持，经过十余年艰苦探索，从"幸福教育"走向"福泽教育"。本期领航校长，宁夏银川金凤三小王晓川校长，在领航专家团队的启发引领下，将原本"说学"并重的教育理念，逐渐明晰为"说以成理，学而至善"，直抵教育本质，实现了教育思想的一次蜕变，正是其实践反思、理性辨正的成果。

第四，教育思想的表达，从来都需要严谨缜密，抓住要害和关键。近年来，在某些区域校长培养过程中，某些校长教育思想的凝练，表现出经院式、标签化、概念性、文学风倾向，助长了办学和教育教学的浮躁、功利和知行不一，这尤其需要教育家型校长通过理性思维，明辨真伪，去粗取精，并最终找到最为科学的表达方式。新疆生产建设兵团华山中学邱成国校长的"才丰似花，德厚如山"理念，海南陵水中学张勇校长的"仁智教育"理念都是十分经典的表达例证，值得借鉴。就教育思想在校园中的呈现而言，育人理念和思想最为根本；就育人文化的呈现而言，校训最为根本。因为学校的价值就在于育人，校长的训词则是对被育对象的严肃训诫和要求，突出呈现这些，就是突出学生主体，就是突出教育的本质。目前，一些区域学校，校园中贪多务全的思想和文化表达，常常淹没了发展主体、教育主旨和核心，其成效适得其反。

教育家型校长，又被称之为领航校长，所谓"家"，"家"在何处？所谓"领航"，究竟引"领"什么？"航"向哪里？至关重要的还是教育思想问题。尤其是在今天这样一个价值多元、教育转型的特殊时期，教育家型校长通过卓越的教育思想，发挥其领航价值，推动我国基础教育快速稳步发展，意义十分重大。

丛书编者

2021 年 5 月

专家感言

三年转眼过，在中国教育改革的热土地——江苏，在教育部名校长领航工程基地之一——江苏省师干训中心，一群教育专家，与一群可以被称之为教育义勇军、先行者的领航校长——教育部第二期名校长领航工程 9 位学员，走过了一段峥嵘、卓越的岁月。

他们，阵容并不壮大，少时十数人，多时数十人。问题是，当五湖四海、出类拔萃的校长精英与长三角首屈一指的教育专家一朝相逢，而且一发不可收地亲近、交融，终至于合二为一，成为志同道合的教育"行者"，其生发的聚合和裂变，其结晶的意义和价值，你怎么估量都不为过！

曾记 2018 年，北京受命，南京启航，从此，基地精致组织协调；导师沉稳领航引导；学员潜心研学，竭力修正，其教育内涵逐渐丰富、厚重，其学校文化越发凝练、科学。三年中，被"领航"者，又"领航"着各工作室的成员和学校；三年中，基地、导师、学员、学员的学员，还"组合"成"教育志愿军"，一组一组，一次一次，深入大凉山腹部，从昭觉到布拖，让教育的"精准帮扶"生根校园，惠及教师，落地课堂，直抵每个孩子的心底。

就是在这样的"层递领航"中，我们的理念、能力，我们的情怀、境界，我们的思想、经验，经千锤百炼而不断精进；而且，就在这样的行走中，我们"扩容"了"领航"内涵，拓展了教育价值，也升格了人生境界，终于，我们真的可以无愧于"教育家型校长"的称号。

我们还积累了许多教育的感想和哲思，创造了许多美好的邂逅和故事。我们更收获了深厚的友情，沉淀了悠悠的思念。

终于，到2021年，在安徽池州，在天津南开，在山东济南历城，三场高端的教育思想研讨会，水到渠成地举行，每一位校长，从个人经历中发现成长，从教育行走中感悟价值，从办学成就中梳理经验。终于，一朵名为教育思想的花儿，经历远远不止十月的孕育，含苞，又顺畅绽放，并被精彩命名，且被专家们洞幽烛微地阐述、"微言大义"地点评，由此，她、她们，名正言顺地盛开在中国教育思想的家园。

这里，我们撷取三年生活的"散点"，轻拂去岁月的"尘封"，从痕迹到线索，从即景到场面，真实描述，定格展示。其意义，除了留存和总结，还期望复苏记忆，活跃联想，让所有的亲历者偶尔或者常常回放、回望或者回味——

因为，不论是谁，一生中又能有多少这样的三年呢？

目录

第一章

寻求改变

人人做名师

没有一个人甘愿平庸，没有一个人不想当名师。

从教一生，每个人都会有很多感慨，也会对自己的教育生涯有所回味、总结和评价。因为性格原因，你可以是温柔型、暴躁型、细致型、幽默型、踏实型……教师，但你一定不会接受庸师之说。

但事实上，平常人多。也就是二八定律描述的那样，一个单位里优秀的人占 20%，平常人占 80%。人们习惯性认为那些能上出优质课的教师是名师，带班级管理好的教师是名师，教学成绩出彩的教师是名师，可是学校里这些教师是有限的。那这样是不是就意味着大多数教师不能做名师呢？

我们的答案是否定的，我们认为所有教师人人可以当名师。只要你想改变，只要你愿意尝试说学教育，你就能做名师。

说学教育解决了平常人上出好课的问题，解决了平常人带出好班的问题，解决了平常人教出好成绩的问题。这三个问题一被解决，谁还能说你不是名师呢！

解决以上三个问题，用联合国教科文组织的说法，就是"四个学会"：学会做事（learn to do），学会做人（learn to be），学会与人相处（learn to be with others），学会学习（learn to how to learn）。用我国新课程改革理念就是转变学习方式：探索运用自主、合作、探究三大学习方式学习。不论哪种说法，对于教育和教师来说，都是两个字：改变。改变传统的、习惯的已经做法，把学习者主体还原成学生，以学生的成长论成败。这样才会出现一个结果：教师是平常人，学生却可以很优秀。

生生会学习

成绩好是一个时期的好，会学习是一生的好。

中国是人口大国，也是教育大国。中国家长人人望子成龙，望女成凤。人才选拔从来都是遴选制的，呈金字塔型，站在金子塔尖的精英人才占少数，从事基础工作和生活在社会中下层的人占大多数。国家人才选拔从古代科举制到现代高考不可厚非，只有这样才会实现分流，选拔出精英人才。由于人人都要当精英的畸形心态，导致大家只看成绩，不看能力。于是，如何让学生学会学习反而不是关注的重点。

想让成绩好是很要命的。为了让成绩好，教师要争分夺秒使劲讲，满堂灌。为了让成绩好，教师要研究考题、研究试卷、研究出卷人，押中一道题多考好几分。为了让成绩好，教师要把一道题至少练上几十遍，保证学生熟悉到不出错。为了让成绩好，学生要没日没夜、没周末、没休息，不断地做题。为了让成绩好，家长要带着孩子赶场子，一个补习班一个补习班不停地跑。在这个过程中，大家除了疲于奔命外，谈论的大多都是谁家的孩子学习好，关注的都是成绩，很少有人思考教育的任务是什么？

教育的任务是什么？是成绩？当然，成绩不好说明教的不好。但是，从深层次思考，好成绩是教出来的吗？非也。好成绩是学出来的！因此，教育的任务是教学生学会学习，成绩好坏取决于学生学习能力强弱，和学习习惯好坏。

说学教育看清楚了这一点，于是通过建立一套学习机制，培养学生学会学习。这套机制将教师的目光聚焦到培养学生学会学习，帮助学生养成好习惯。这套机制将学生的目光聚焦到掌握学习方法、形成学习习惯、拥有学习能力。这套机制引导家长陪伴孩子德智体美劳全面发展，不仅关注学习，更注重成长，让孩子拥有追求一生幸福的能力。

校校好口碑

当今社会，学生生存，举步维艰。各种各样的压力，使学校已经不能静心思考教育，整日埋头抢时间抓成绩。

说学教育立足改变。让教师克服平常，人人都能当名师。让学生克服依赖，人人都会学习。这样就会出现一个全新教育生态，在这个生态里，教师做的是建构，而不是传授。教师要建构一个学习机制，或者叫学习文化，学生在机制里按照一些必备流程或规定动作去做，就能自己学会知识。正如古人云传道授业解惑，道，应该有"法"的意思在其中，这个"道"包含"必备流程或规定动作"。在这个生态里，学生做的是掌握学习方法，养成学习习惯，而不是整天做作业。学生的任务是学习，不是没完没了地做作业，做作业固然是学习的一部分，但肯定不是学习的核心要义。何为学习？书上说，学习是指通过阅读、听讲、思考、研究、实践等途径获得知识和技能的过程。这个概念里没有一条指向做作业，为什么我们的教育就只是认准了做作业这一条路呢！

说学教育没有花里胡哨的东西，就是盯住"自主、合作、探究"不放手，研究怎么教育学生一个人的时候如何自主去学习，通过几个人的合作克服学习中个人和知识、方法上的缺点短板，运用探究的态度投身于学习中，获取知识，发展思维，培育能力。"自主、合作、探究"学习方式提出二十年，各地学校都做了大量的研究，也有很多成功案例。但是很多案例各有侧重，有的侧重自主学习，有的侧重合作学习，有的侧重探究学习。说学教育还可以，做得更合理一些，尤其是三者的结合，大有文章可做。从认知规律看，学习首先需要一个人自己静静地学习，静静地思考，合作是要交换思想，交流认识，取众家之长，探究则是要将学习推向深层次，收获更有价值的东西。这样一看，三者缺一不可。说学教育同步研究"自主、合作、探究"，构建的就是一种符合认知规律的学习方式，学生一旦掌握，就能终身学习。

得天下英才而教育之与中小学教育是矛盾的，但现在的名校却是抢生源、抢师资抢出来的。说学教育不想延续这种恶性竞争，希望通过构建学习机制的方式，让所有学校都有教育学生掌握良好学习方法、养成良好学习习惯的能力，让所有学校都成为名校，校校都有好口碑。

第二章

建构说学教育新方式

说学与自善

立德树人是我国教育的根本任务。德是国之本，人之基。教书育人是教师的天职，早已成为全社会共识，教师既要教书，也要育人。改变教学方式是围绕教师教学发起的一项改革，不论怎么改，也不能忘了教师既要教书，也要育人的原本职责。

说学教育是对学习方式的再造。学是学习，说是表达、对话、质疑、批判，说学就是用表达、对话、质疑、批判的方式去学习。说学教育比较尊重语言和思维在学习中的价值和作用，认为语言和思维是学习的灵魂，也是一个人各类素养中最重要的两个素养。

自善文化是对学习文化的再造。学习是讲方法的，但学习也是一种品质，自善文化就是要从文化角度解决学习品质问题。自善指自立自强、至善至美。如何自善，当自我管理、自主学习、自行修养。一名学生，一位教师，甚至每一个人，做不到自我管理、自主学习、自行修养，又何谈至善至美呢？

开展一场教学方式的变革，既要考虑技术层面问题，也就是学习方式，也要考虑文化层面问题，也就是学习品质。只有两者结合，互相促进，才能产生一种新的、科学的教育教学形式。

就学习而言，学是内因，如何学是外因。就学习主体而言，学生是内因，教师、同伴和家长都是外因。

自主是内因。不论从学习出发，还是从学习主体出发，自主都是内因。自善文化理解的自主是自我管理，自主学习，自行修养。自我管理是一个人具有的约束行为的自律意识，自主学习是一个人具有的高效学习的学习习惯，自行修养是一个人具有的自觉提高的学习精神。自律意识、学习习惯、学习精神都是内因，都是一个人自主的体现，是学习好与不好的决定因素。

把说学和自善放在一起研究，就是想从技术上寻找一种新方法，让学生在表达、对话、质疑、批判中学会思考，学到知识。在学习的时候，坚持以自主为前提，在个人自我管理、自主学习、自行修养的基础上，培养自律意识、学习习惯、学习精神。让学生不仅仅拥有方法，还要具有品质，从内到外，真真正正成为一个具有终身学习能力的人。

说学与素养

德智体美劳全面发展是我国教育方针。中国学生发展核心素养以培养"全面发展的人"为核心，把学生需要的必备品格和关键能力分为文化基础、自主发展、社会参与三个方面，综合表现为人文底蕴、科学精神、学会学习、健康生活、责任担当、实践创新等六大素养，具体细化为人文积淀、人文情怀、审美情趣、理性思维、批判质疑、勇于探究、乐学善学、勤于反思、信息意识、珍爱生命、健全人格、自我管理、社会责任、国家认同、国际理解、劳动意识、问题解决、技术运用等十八个基本要点。

说学教育以说学为突破口，把"自主、合作、探究"作为变革学习方式的依据，赋以自善文化，其教育结果与核心素养高度吻合。就文化基础素养而言，说学遵循学习规律，着力培育学生自主学习品质，在自主的基础上合作探究。说学遵循学科本质，提出说学＋文学欣赏、说学＋数学思想、说学＋文化元素、说学＋思想等。以及说学自身具有的表达、对话、质疑、批判特点，使学生人文积淀、人文情怀、审美情趣、理性思维、批判质疑、勇于探究素养得到大力培养。就自主发展素养而言，因为说学早已与自善文化融为一体，学生乐学善学、勤于反思、信息意识、珍爱生命、健全人格、自我管理等素养是水到渠成。就社会参与素养而言，说学教育有自己的课程理念，开设了演讲、新闻、辩论、朗诵、阅讲、ZGT（真实、广泛、特长）、中外双师课、大课堂、大舞台等课程。

同时整合家庭、社会和学校教育资源，目标直指德智体美劳全面发展，使学生视野更宽，看得更远，很好地培育了他们的社会责任、国家认同、国际理解、劳动意识、问题解决、技术运用等素养。因此，说学教育就是关注和培养学生核心素养的教育。

说学与人生

罗曼·罗兰说过，生命不是一个可以孤立成长的个体；它一面成长，一面收集沿途的繁花茂叶。人是社会的人，总是生存和活动于各种各样的社会关系中，并受到一定社会关系的制约。在实际生活当中，人们会选择自己的人生道路、通过一定的方式实现自己的人生目的，以独特的思想和行为赋予生活实践以个性特征。人生是为了幸福而存在的，教育是为人生奠基的，因此，教育要给学生储备下支撑人生幸福的基础。

说学教育把语言和思维作为核心中的核心，以创造学习方式的形式，培育学生说话能力和思辨能力。说话能力是人生最基础、最重要、最核心能力，人与之间的交往首推说话能力，善言者百事通。虽然哲学家、心理学家、语言学家关于语言和思维的争论喋喋不休，尚无定论。但是从教育角度来看，语言好的学生思维好，语言快的学生思维也快。由此得出，语言和思维是同向的，一者好，两者皆好，一者发展，两者都发展。教育在启蒙、启智、启迪思维，把语言和思维结合在一起，能够实现双赢。人生是在做人、做事和与人共处中度过的，良好的语言和思维能让人际交往变得简单轻松。帮助学生发展语言和思维，就是在帮助他们奠定幸福人生。

第三章

说学教育理论

说学教育

说学教育指在表达、对话、质疑、批判中，学习知识，锻炼能力，提升素养，培育品格。说学教育是一个教学主张，也是一种教育思想。

说学，就是"说中学"，是"做中学"的升级版。做中学认为讨论、实践和教授他人是高效学习方式，说中学是把讨论、实践、教授他人用表达、对话、质疑、批判的方式说出来。关于"说"，古代有"释也""论也""所以明也"等说法。因此，说在古代就是一种学习方法。在宗教领域有一种学习方式叫"辩经"，僧人们不去读死书，也不大量做作业。而是聚在一起互相辩论，在辩论中学习知识，明晰思想。以上种种，都说明说学是一种可行的、经受过检验的、被历史证明了的高效学习方式。

说学教育就是研究说学这种学习方式，提炼学习方法，建构学习模型，形成学习文化，对学生实施教育。

说学特点

说学教育具有简单、互动、深度、开放四个特点。

简单。是指这种学习方式容易掌握。因为说话是人类出生自带的能力，用说话的方式学习几乎就是先天能力。说学只需要整理思维所得，组织语言表述，就能获取知识。

互动。是指这种学习方式要在几个人之间进行，也就是合作学习。讨论、争辩、教授他人这种形式决定了说学要发生在几个人之间，只有几个人形成良好、默契、和谐的学习关系，学习效果才会好起来。

深度。是指这种学习方式要走向深层次。交换思想的特点就是深度，说学是在讨论、思辨、质疑和教授他人中学习，思维越说越清楚，道理越辩越明白，学习走向深层次是肯定的。

开放。是指这种学习方式不受时间空间限制。由于说话几乎无处不在，也就使得说中学几乎无处不在。行走中，飞机上，吃饭时……都可以说学，说学的开放程度无人可比。

说学目标

说学教育有敢说会说、善听善辩、融会贯通、学会学习四个目标。

敢说会说。是鼓励学生张嘴说，学会怎么说。孩子天生是有差异的，一个班的学生差异会很大，课堂上的发言机会几乎都被那些能说的孩子占有了。但学习显然不是那几个人的个别事，要想让课堂发言机会均等起来，就得让每一名学生都敢说话。敢说话仅仅是突破了心理障碍，会说话才能建立自信心。会说话就涉及了语言逻辑、思维层次、轻重缓急、言简意赅等方面，需要长期对学生进行训练。

善听善辩。是鼓励学生学会倾听，学会对话。观察周围人说话，你会发现一个人自说自话的现象特别多。说的人说得神采飞扬，听的人压根没有去听，等到对话的时候你会发现两人不在一个频道上，各说各的。说学首要讨论、质疑、教授他人的，如果不在一个频道上根本无法进行。因此，想要说学，首要任务就是学会倾听。只有听明白对方说什么，才能互动。善辩是说学的灵魂，听清楚对方的话，开动自己的大脑，积极思辨中补充、质疑、批判对方所说，才能弄懂知识，有所收获。

融会贯通。是鼓励学生举一反三，把知识系统化。学习是为了应用，只有彻彻底底学懂了，弄通了才会应用。知识不是割裂开来的，各个年级在知识上是逐渐增加难度的，学习时把前前后后所学知识联系起来才会彻底明白。总结、归纳、整理都是传统学习方法，在说学中还要加强这些方法。思维导图是近些年兴起的一种总结归纳方法，说学提倡和主张应用这种方法学习。强调融会贯通，将知识系统化，本身就是一种学习能力。

学会学习。是教育的最终目的,也是各种各样教学主张和思想的最终落脚点。学会学习必然落实在习惯、方法和能力上，说学教育将通过说学的方式建构一套做法，引领学生学会学习，具有终身学习的能力。

设计理念

说学教育有先预后教、学生主体、合作学习、说学形式、学以致用五个核心理念。

先预后教。指课前要预习。凡事有准备，是一个人的做事风格。就学习来说，预习既是掌握一种学习方法、养成一种学习习惯，又是形成一种做事风格。因此，预习的教育功效在学习，也在做人做事。预习是让学生上课前先自主学习，能学会的自己就学了，不会的也因为有了疑惑上课时针对性更强。预习是让课堂更高效，课堂四十分钟时间有限，从零开始会让时间不够用，学生个体差异又会让进程特别缓慢。预习是让课堂教学走向深度，零起点的教学关注了原始体验，同时也决定了浅层次学习。

学生主体。是明确学习者是学生。学习需要理解、体验、练习、内化，因此才有了自主合作探究学习方式。传统式班级教学过度依赖教师讲授，实际上是一种告知、解释、死记硬背、机械训练的学习。传统模式与学习规律的背道而驰，导致了获取知识的功利性、短视性和机械性，知识在考试之后很快被忘记。想要告别讲授式课堂，就必须认可学生主体地位。认可学生主体地位，就把学习过程设计成一些具体的活动和任务，让学生亲自参与、亲自去做，在做中理解、体验、练习、内化知识。

合作学习。指几个人在一起学习。合作学习现代教育广泛认可的学习方式，通常指两人以上，学校常见形式有两人小组、四人小组，根据具体情况也有三人小组、五人小组、六人小组等。说学教育倾向于两人小组和四人小组，两人小组叫小对子，是最常见、最基本的合作形式，两人之间更利于时时和事事的检查、监督、评价。四人小组是对两人小组的完美补充，两个人合作松懈时，四人小组从管理上更丰富，两个人解决不了时，四人小组能集思广益解决问题。就合作学习而言，形式不能单一，多种合作形式本身就是学习情境，学生会因为与不同的人、不同的小组合作产生新鲜感，增加学习兴趣。

说学形式。指学习时采取的形式。说学是一个新词，是"说和学"的整合，是"说中学"的简化，其中学是主语，说是状语。强调学是根本，说是方法。既然强调学，那么学该有的特征和规律就都必须有。学习要有目标、计划、任务，要有预习、学习、复习，要有自主、合作、探究，要有兴趣、动机、习惯，以上都是说学形式关注和构建的点。有了对学的构建，接下来就是如何学，方法自然就是说。既然要说，说也会有具体形式。一种是自己一个人说，一种是两个人说，一种是多个人说。于是就出现了自己说、小对子说、四人小组说和其他小组说等情况。说学形式就是自主、合作、探究学习方式，只不过是以说的方式存在。

学以致用。指学了就会用，举一反三。学以致用有四个层次，一是学了想用，二是学了会用，三是学了就用，四是举一反三。学了想用指学生对于学到的新知识或者新方法有一种冲动，觉得学到的东西特别好，想迅速变成自己的。学了会用指确确实实理解了知识或者掌握了方法，拿起来就能实实在在地用，知道如何去做。学了就用指课堂上或者任何时候，学习了新知识或新方法就地展开练习，去实践，用实践检验是否真正学会。举一反三指在会的基础上能拓展，会用和会拓展、会创造是完全不同的，学习知识就要灵活应用，用一个方法解决多种问题。

说学原则

说学教育有多说少写、以说启思、灵动说学三个原则。

多说少写。指多用说的方式学习，少用写的方式，也就是要减少书面作业。学习方式其实是有很多种的，古代教育就很少做作业，而是多以论道和背诵的方式进行。孔子教授三千弟子、七十二贤人如此，希腊三杰苏格拉底、柏拉图、亚里士多德亦是如此。说学教育提倡多说少写，不是不写，而是认为用说的方式可以同样学习掌握知识，在说的基础上写重点的、关键的、困难的。多说少写也不是降低学习质量，而是积极发挥说的学习功能，尽可能用说的方式学会知识，用说的方式巩固知识，用说的方式提高学习效率，写是知识向书面语言转化的途径。

以说启思。指说的时候重点在启迪思维。教育在启智，说学教育自然也在启迪思维。学生个体是少年儿童，他们还没有世界观和方法论，需要一边学习一边建构自己的世家观和方法论。说学教育第一步要求学生说自己的话，复制模仿教科书和成人语言在课堂上是常有的，不破不立，先让学生说自己的话，哪怕结结巴巴也行。第二步要求学生说有思想的话，不论是简单问题还是复杂问题，学生说话时要思考，说出自己的观点。第三步要求说顺溜话，说顺溜话就意味着有了句子的间架结构、语法特点和修辞手法等，甚至还有了精炼语言、准确表达、问题角度等思考。

灵动说学。指说学方式相对灵活，不死板，不教条，不受具体时间空间和方法限制，适合的就是最好的。说学是一个概念，不是死板教条的框框。说学是灵活的，时间上没有限制，想学了就可以说学。空间上没有限制，适合了就可以说学。人员上没有限制，四人小组可以说学，二人小对子可以说学，一个人自己可以说学，随便几个人都可以说学。形式上没有限制，不需要先自主再合作，先补充再质疑，先批判再统一，就某个问题的问答是说学，某篇课文的背诵是说学，某次作业的检查也是说学。方法上没有限制，发表意见是说学，讲解习题是说学，探讨问题是说学，转述、复述、背诵也是说学。

说学要素

说学教育植入了问题、合作、表达、思维要素。

问题。带着问题学习是所有人的共识，说学教育也一样。问题是学习的源头，说学教育的学习也要起于问题，以问题为主线向前发展。问题的提出，说学教育主张由学生来提出。如何提出问题，说学教育主张"提问题四部曲"。一是看着"主题"提问题，围绕"是什么""什么是""是怎么回事"等思路提问题。二是看着"内容"提问题，围绕"讲了什么""怎么讲的""如何解决"等思路提问题。三是看着"细节"提问题，围绕"这里写了什么""这里用了什么""这里如何解决"等思路提问题。四是本着"归纳"提问题，围绕"学了什么""会了什么""应该如何"等思路提问题。

合作。合作学习是说学教育大力提倡的学习方式。说学教育建构的基础是"自主、合作、探究"，因此在提倡合作学习时，前提是先自主学习，在有基础、有思考、有准备的基础上合作。同时，也提倡合作时的探究属性，要有走向深度学习的意识。合作小组的组建有讲究，两个人小对子合作小组如何搭配，四人小组如何搭配人员，多人项目式合作小组如何组成，要老师根据学情、班情合理搭配，定时监督，及时调换。合作学习有层次性，有时候是兵查兵完成基本任务，有时候是兵督兵矫正习惯，有时候是兵教兵互帮互学，有时候是兵考兵检测知识，还有的时候是一个计划大家分工协作共同完成，或者是研究性学习，项目式学习。

表达。表达是说学教育的直接动力。说学教育认为在人的诸多素养中，表达能力是第一素养。任何一个人，无论高贵还是贫贱，无论有文化还是没文化，无论经商还是务农，表达能力都是与人交往、融入社会的第一素养。表达就是把内心的话说出来，有的人不爱说话，有的人不会说话，如果通过教育，从小孩子时期就鼓励、培养说话，能让那些不爱、不会、不想说话的人有进步，就是教育的成功，就是成功的教育。表达是有知识，有内涵的。想说出满意的话，先得要有组织句子的能力，这就需要懂语法，知修辞，会造句。试想一个人连一句通顺的话都说不出来，如何说出满意的话。想说出满意的话，还得要有脑子，所说的话是经过大脑思考、斟酌的，哪些能说，哪些不能说，话应该怎么说，都是有学问的。表达需要锤炼。

思维。思维是说学教育的灵魂。说学教育始终把遵循规律作为建构、发展、优化的原则，每往前走一步都用规律反思走的对不对。教育在启智，从最初的启蒙，到启思，再到启智，始终在帮助学生建立思想，建立世界观，建立人生观。从学科角度看，每个学科都涉及思维培养、训练和提升任务，说学教育不仅要提高学生表达能力，更要提高学生的思维能力。从教学角度看，没有思维的课堂停留在表面和浅层次，只有思维的课堂才会走向深度探究和学习。从生理角度看，表达和思维是一对双胞胎，表达好思维就好，思维好表达也好。从说学教育的目标和任务看，不关注思维，就不是说学教育。

说学方法

说学教育主张的说学方法有很多种，根据具体学习内容和要求灵活应用。

学。学习者必须是学生本人。学习的起点必须是学生一个人的独立自主，学习有一定的方法和经验，需要学生本人不断总结和提炼，传统的好方法和好经验都是说学教育推崇的。

说。一个人学习的成果是可以用说的方式巩固、提升和检验的。说给自己听，说给父母听，说给伙伴听，说给大家听，每一次说出来，都具有巩固、提升和检验的价值。

读。读是学习的基本功。听说读写不仅是语文的基本能力，学习文科、理科都需要听说读写。读通、读顺、读懂也需要长期教育才能达成，读懂素材和问题才能开始思考和学习。

问。古语敏而好学，不耻下问。要想学习好，问是绕不过去的一道坎。学习时遇到困难和不会的问题几乎是常有之事。问不问，敢不敢问，向谁问都是必须经历的。

仿。仿是学习的本能，模仿，照样做，学着说是学习中特别常见的。说学时，一个人或两个人甚至多个人的模仿，照样做，学着说是可行的。

讲。讲的本义是把事情和道理说出来。实际上就是"是什么"和"为什么"两个问题，学习就是在解决这两个问题，说学教育亦是如此。讲还会发生在几个人之间，变成了互相探讨、交流、问答。

述。述的本义是叙述，描述，论述，综述。学生能把独立自主学习到的知识述出来，说明他学会了，理解了，最差也是照猫画虎有点样子。述的能力需要大力开发，叙述是照本宣科，描述是加入个人观点讲，论述是运用哲学思想和批判性思维讲，综述是整合各种情况讲，学生述的能力越强，个人素养越高。

释。释的本义是解说，说明，解释，注释。释是学习时理解层面必须要过的关，否则就会似懂非懂或一知半解。释在说学操作时，解说、说明、解释、注释都有各自不同的意思，每一个意思实际上就是一种说学方式，需要在学习时根据不同的任务和内容进行针对性选择。

导。导的本义是指导，引导，推导，开导，教导。说学时，可以是接受指导学习，也可以是受某种因素引导学习，还可以是就某些问题一步步推导学习，在别人的开导下学习，在师长的教导下学习。

谈。谈的本义是说，对话。说学在界定意义时专门把对话作为一种形式，强调了对话这种学习方式的重要性。说学需要通过两个或几个人的对话来学习，在对话中既可以把事物阐述清楚，又可以每个人发表不同意见，在交流中获取知识。

告。告的本义是说给别人，告知。在学习过程中，有一种赠人玫瑰手有余香叫"告知"，叫"分享"。在别人有困惑的时候，把自己知道的毫无保留告知对方。在自己有感觉有体验的时候，把收获和所得分享给大家，这些都是说学。

诉。诉的本义是叙述，倾吐。诉也是一种说学方法，除了将学到的知识叙述出来外，说学也鼓励学生之间互相交流学习方法。把自己学习遇到的困难和问题，经验和收获都说给小伙伴听，一诉衷肠，不吐不快。学习是有情绪的，情绪好了效率就高，情绪差了效率就低。小伙伴在互相倾诉中交流知识、方法、问题和情绪，更利于高效率学习。

评。评的本义是评论，判出高下。学生在学习时，有两个因素可能影响学习结果。一个是竞争，一个是对错的评判。竞争氛围需要建立一套机制，和教师的评价语言形成，学生会在其中争先恐后，展示自己。评判基本看老师，学生遇到难题时，第一时间一定是目光看向老师，从老师那里寻求正确答案。因此，评判是老师的一份天职。

议。议的本义是建议，讨论，商量。学习时有很多知识需要学生们讨论商量，也有很多地方需要听取他人的建议补充完善。议就是一种说学方法，它往往会发生在出现问题时，会发生在几个人之间。

论。论的本义是分析判断事物的道理。学习总是希望探寻真理，找到正确答案，理解知识的本质，论就是找到真理和答案的一种途径。很多事情不辩不明，对比多了，讨论多了，就会越说越明白，越说越接近真理，接近正确答案。

思。思的本义是想，考虑，动脑筋。说学拒绝不过脑子的话，减少简单重复的话，把说学界定为表达、对话、质疑、批判就是希望学生用脑子说话。任何一个事物或知识点，都需要学生独立自主去思考，在与人合作中丰富思维的厚度，然后才是用精炼准确的语言表达出来。

辩。辩的本义是说明是非或争论真假。事不辩不明，理不辩不清，学习中辩论几乎是不可避免的。说学鼓励质疑和批判，就是激发求异思维，提倡批判性思维。发展求异思维和批判性思维就要增加辩的环节和内容，辩的越激烈，学生的思维越敏捷。

背。背的本义是凭记忆读出。从古到今，背诵都是一种常见学习方式，说学教育也需要大量的积累和背诵。说学教育更加强调背诵，认为背会了就能写出来。既然背会就能学到知识，干吗还要一遍又一遍地重复低效率的写呢。

诵。诵的本义是用抑扬顿挫的腔调念。有些知识，抑扬顿挫的吟诵是很美的，让人陶醉其中。所以说学鼓励学生大声吟诵知识，在知识的海洋里自由荡漾。

练。心理学认为反复进行某一个或某一种操作能使特定技能得以提高，学以致用也是要通过练习来达成，从口语到书面语更离不开练习。练习是说学教育不可或缺的。

写。写在说学里指一锤定音。千说万说，最后都要落在纸笔上。从以上说学方法的介绍上，可以看出说学教育主导的方向。用几十种方法去说中学，最后用写这一种方法落实在纸笔上。说学改变了学习形式，节省了学习时间，也可以促进学习健康。最后用写来保障，还能保证高质量。

最后，要特别强调一点，说学方法不仅仅有这些，还有很多待开发。只要是口头领域，属于表达、对话、质疑、批判属性的自白和交流，都可以纳入说学方法。说学方法的多少，上不封顶，大家可以自由探索。说学方法在使用时不求面面俱到，可以只选一个，也可以选几个，前提是用适合自己的和自己喜欢的方法。

说学课堂

说学教育为了确保学生学习主体地位，还学习权利于学生。也为了确保流程遵循从自主到合作学习规律，遵循认知规律。更为了确保所有教师一接触到说学教育就能上手，知道如何操作。因此，对说学课堂结构进行了规范，形成"五环节四动作"模型。

"五环节四动作"模型设计是在传统课堂教学基础上的改进。"五环节"是对传统课堂"教学环节"的提炼，保留了传统教学的基本环节，融入了衔接课前预习和课上教学的"检查环节"。"四动作"则是把学习主动权还给学生的强制行为，从自学到合作，然后展示交流，发起全班参与补充质疑，遇到困难的关键时候教师点拨指导，由学生唱主角的学习一气呵成。

"五环节四动作"模型只是一个大概念，要灵活应用，切忌死板教条，成为约束创新行为和优秀课堂的框框。在具体应用中，教师要结合学科特点和课型特点灵活把握。

"五环节"指"导入、检查、导学、拓展和小结"五个环节。

导入。即传统开课模式。情景模式、任务模式、谈话模式等传统教学导入都可以使用，但要求时间不得超过2分钟。把握激发兴趣特点，用时越短越好，节省时间用在学习上。

检查。衔接预习和教学。课前预习教师无法做到提前批阅，不批阅掌握不了学情，教学就无法以学定教。同时，说学教育不主张以作业判定学情，而是希望在学生身上看到认知过程。于是，当堂检查就成了了解学情的必须环节。

检查怎么做？通常是学生拿出预习"说学稿"，汇报"说学稿"上的预习内容。也可以是脱离"说学稿"的任务式检查，朗读、听写、讲题、问题描述都可以是检查内容。课堂检查类似于抽样调查和问卷调查，选择一些学生汇报预习时发现的问题，或全员默写、计算小组互批，并迅速得到结果，用这样的方式找到问题，作为教学起点开课。检查是为教学服务的，因此时间不宜太长，一般控制在5分钟以内最合适。

导学。导学即教学新知识。课堂上学习新知识的起点是检查遇到、发现和预设的问题，遇到的问题一般就是拦路虎，学生独立自主学不会，需要合作学习或者教师指导。发现的问题可能涉及系统性、本质性、隐含性等知识，需要教师当即以学定教。预设的问题指教师为了教学有意识把新授内容的主线和关键问题设计到"说学稿"里，学生在课前有初步的接触，在似懂非懂或一知半解之间，这个问题将引申出一节课的学习。导学必须紧扣单元导读、学习目标和教学重难点进行，说学教育改变的只是学习方式，教学任务和学习效果都要高质量达成。导学环节对教师的渊博学识、课堂驾驭能力和学科素养要求较高，说学教育把学习权还给了学生，放得开，教师要是业务能力不强，就会放开了收不住。导学环节在课堂上占用的时间要长一些。

拓展。拓展即学以致用。新学到的知识、方法需要用到生活中去解决问题，拓展训练会把所学知识、方法外延扩展很多，令其更接近生活。拓展需要教师精心设计，备课时做大量的准备工作，与一节课新授知识有紧密、系统的联系。拓展时间可以根据实际情况和需要设定，常规课拓展时间一般设定为一节课的四分之一较好。

小结。小结即结课。这是传统环节，也是说学课堂必备环节。时间不超过3分钟为宜。

"四动作"指"自主合作、展示汇报、补充质疑和教师指导"四个规定动作。

自主合作。即先独立自主学习，在自学的基础上合作学习。说学教育尊重认知规律，学习先从一个人的独立学习开始，通过学习会有收获也会有困惑，于是合作就围绕着收获和困惑进行。合作不需要定规矩、分任务、讲角色，简单的小对子合作，有难度的四人合作。合作时各抒己见，人人参与，以参与学习，探讨问题为主，不以分工负责为主。合作要出结果，不论对问题的争议有多大，都必须在小组内形成一个结果。

展示汇报。即自学合作后的汇报。汇报一般采取小组或小对子全员参与形式，由一名学生主要汇报，其他组员补充汇报。主要汇报人可以是优等生，也可以是学困生，具体情况根据内容而定。也可以为学困生设计专门的汇报任务，适度降低难度，保障参与实效。

补充质疑。即全班大讨论。在小组汇报结束后，全班师生参与进来，进行一场讨论式学习。针对汇报不完整的地方，全班同学予以补充完整。针对汇报存疑的地方，全班同学予以质疑，发表个人观点。针对汇报错误的地方，全班同学予以指出错误，陈述正确观点。补充质疑环节就是一场大讨论，大学习，融"表达、质疑、批判"教育意图在其中，是思想碰撞出火花的时刻。

教师指导。即教师适时地点播。说学课堂的教师指导不是在规定程序里一板一眼的指导，而是出现在学生遇到问题难以解决的时候，是针对问题的适时点拨。在说学课堂里，教师作用更加强大，而不是弱化。教师的指导要求教师脱离预设，具有立刻解决问题的能力。教师的指导是学生随机形成的，谁也不知道会遇到什么问题，要求教师的知识底蕴要很丰厚。教师的指导要将学生带到一个高度上去，要求教师的学科素养很高，能够给学生一桶水。教师的指导要落实立德树人目标，要求教师具有良好的人文底蕴。

"五环节"和"四动作"如何衔接？"五环节"是一节课四十分钟的流程，"四动作"是一次学习活动的流程，两个流程需要融合，才能合成一堂完美的说学课堂。在"导入、检查、导学、拓展和小结"五个环节中，显然"导入和小结"不需要"四动作"。而在"检查、导学、拓展"三个环节中"四动作"也不需要一模一样。"检查"环节里不需要"自学合作"，由于已经预习，可以直接进入"展示汇报"。当然，低年级和基础薄弱情况下也可以先"自学合作"，再"展示汇报"。"导学"环节可能安排的不只是一次学习活动，不只是一个学习任务，因此，"四动作"可能要出现几次。而且在几次出现时，"四动作"都可以灵活取舍，不是每一次都必须四个动作一个不少。"拓展"环节的"四动作"使用时要更加灵活，根据具体内容设置。

说学课程

　　杜威说，课程即活动。朱熹说，小立课程，大作工夫。课程是对教育目标、教学内容、教学活动方式的规划和设计，它包括学校老师所教授的各门学科和有目的、有计划的教育活动。

　　说学教育重在培养学生"说学能力"。说学能力包含"说"和"学"两种能力，说学课程就是以培养"说"和"学"两种能力设计的学科或教育活动。按照杜威课程论，学生的每一次学习活动都可以是一次课程建设。按照朱熹课程论，每一次学习活动的目标和任务要设计得小一点，要把大量的时间和精力花在落实上。结合杜威和朱熹先哲的观点，一个崭新的课程论呈现在我们面前。即每一个学习活动就是一个课程，做课程要把目标和任务设计的小一点，把大量的时间和精力花在落实上，让学习扎扎实实出成绩。

　　说学课程包含目标、内容、计划、标准、说学本、说学课、评价七个要素。目标指课程要实现的具体目标和意图。内容指要学习什么知识。计划指按照什么样的程序学习。标准指学习要达到什么程度。说学本指可见的学习材料。说学课指列入课表的说学教学。评价指学习成果的评判。

　　阅讲课程。即阅读讲故事。该课程目标是引导学生大量读书，爱上读书。内容是课外书，包含名著、经典、童话、绘本等各类书籍。计划是购买或借阅书籍，设定多长时间读完，每天具体什么时间读书，读多长时间，读书时是否做勾画、摘抄、笔记、写反思等。标准是能复述书籍所讲的故事，对人物形象和故事有自己的见解。说学本是读书笔记，既有故事梗概，人物形象，又有个人观点，反思和读后感。说学课是每天进入课程标准的具体课堂，教学分三段式进行，第一段小对子互相讲故事，说反思。第二段让个别小组或个人向全班展示，全班互动。第三段教师总结发言，点评鼓励。评价是教师、小组或家长对阅讲活动效果进行总结。

辩论课程。该课程目标是引导学生客观分析问题，培养质疑精神和批判性思维。内容是设计辩论现场，引起激烈辩论。计划是确定辩论主题，搜集素材，进行深度思考，整理辩论语言和流程。标准是思维敏捷，语言精准，分析入微，看待问题客观合理，遵循规律。说学本是辩论课前精心准备的文本材料，对论题、论点、论据以及论证过程有记载、有梳理，要利用网络和大量阅读积淀辩论素材，既有理论又有案例。说学课是辩论赛的呈现场景，同样采取三段式模式进行，第一段小组互相辩论，陈述观点，第二段分组向全班展示，全班互动，第三段教师总结发言，点评鼓励。评价是教师、小组或家长对辩论活动效果进行总结。

朗诵课程。该课程目标是引导学生体验朗诵的美感，享受朗诵的美妙，爱上朗诵。内容是选择课本或课外书籍精彩段落或诗歌。计划是找素材，个人朗读，小对子互相朗诵，小组朗诵，全班朗诵。标准是通顺流利，普通话标准，朗诵有美感，像音乐一样流淌诗意。说学本是用来记录、粘贴搜集来的素材的，学生搜集来素材后，利用说学本多次练习，直到朗诵达到标准为止。说学课是专门提供给学生们的展示平台，课堂分三段式模式进行，第一段小组互相朗诵，取长补短，第二段指名分组向全班展示，全班互动，第三段教师总结发言，点评鼓励。评价是教师、小组或家长对朗诵活动效果进行总结。

演讲课程。该课程目标是引导学生运用语言，针对某个具体问题，鲜明、完整地发表自己的见解和主张，阐明事理或抒发情感。内容按照照读式演讲、背诵式演讲、提纲式演讲，即兴式演讲形式可以自己写，也可以找素材。计划是确定演讲形式、主题，根据形式主题找素材，个人演讲，小对子互相演讲，小组演讲，全班演讲。标准是要普通话标准，抑扬顿挫，有表情、体态语言，能用语言触及人的灵魂世界，打动内心。说学本是用来个人撰写演讲稿，记录搜集演讲素材的，以及完成个人演讲练习的。说学课是专门提供给学生们的展示平台，课堂分三段式模式进行，第一段小组互相演讲，取长补短，第二段指名分组向全班展示，全班互动，第三段教师总结发言，点评鼓励。评价是教师、小组或家长对演讲活动效果进行总结。

新闻课程。该课程目标是引导学生关注社会，搜集新闻线索，并向别人讲述、播报新闻。内容是看电视、报纸、听广播、手机等自媒体，整理新闻线索。计划是找素材，整理素材，个人播报，小对子互相播报，小组播报，全班播报。标准是语言通顺流利，普通话标准，播报优美、顿挫，能吸引人，促人思考，惹人讨论，利于形成正确的世界观。说学本是用来记录、粘贴搜集来的素材的，学生搜集来素材后，利用说学本多次播报练习，直到播报达到标准为止。说学课是专门提供给学生们的展示平台，课堂分三段式模式进行，第一段小组互相播报，取长补短。第二段分组向全班展示，全班互动。第三段教师总结发言，点评鼓励。评价是教师、小组或家长对播报活动效果进行总结。

大课堂课程。该课程目标是锻炼学生，说学素养除了语言，还有阅历、视野、心理等要素，大课堂培养的是综合能力，大课堂属于综合性课程。内容可以是阅讲、辩论、朗诵、演讲、新闻任何一种形式，也可以是语文、数学、英语任何一门学科，可以是以前用过的，也可以是重新准备的。计划还是找素材，个人训练，小对子互相训练，小组训练，大课堂上展示。标准是讲普通话，语言通顺流利，抑扬顿挫，观点鲜明，立意正确。说学本是用来记录、粘贴搜集来的素材的，学生搜集来素材后，利用说学本多次训练，直到满意为止。大课堂是专门提供给学生们的展示平台，课堂以比赛形式进行，组与组比赛，班与班比赛，打擂台，比成绩。

大舞台课程。该课程目标还是锻炼学生，除了锻炼语言、阅历、视野、心理外，还鼓励学生多才多艺，全面发展。大舞台同样着力于综合能力培养，是属于综合性课程。内容以学生才艺展示为主，阅讲、辩论、朗诵、演讲、新闻、相声、快板、小品、歌剧、课本剧、唱歌、舞蹈、器乐样样都行，一句话，有什么特长就展示什么。计划还是找素材，个人训练，小对子互相训练，小组训练，大舞台上展示。标准是讲普通话，语言通顺流利，抑扬顿挫，观点鲜明，立意正确，表演优美，素养扎实。说学本是用来记录、粘贴素材，方便训练，能记录训练过程。大舞台是专门提供给学生们的展示平台，舞台以表演形式进行，每一个上台表演的人都展示最美的一面，每一个参加表演的节目都精益求精。

项目式学习课程。该课程目标是引导学生发展兴趣，培养兴趣。内容是几个志趣相投的人集合在一起做专项学习，也可以是原来的学习小组确定一个专题共同学习。计划是确定专题，制定学习计划和进度表，设计学习作业和评价方式，有计划地展开学习。标准是直奔专题，坚持学习，循序渐进，有所突破，达成目标。说学本是用来记录、粘贴项目式学习单，学习搜集素材，完成作业，训练过程以及最终学习成果。项目式学习最后展示的平台不固化，选择适合的呈现方式，可以是说学课堂、大课程、大舞台任何一种形式。项目式学习要由教师、家长和同学们进行专题评价，以确定其价值和意义。

除了以上课程，说学教育按照"小立课程，大作功夫"思想，将学生平常学习行为也用课程思想予以规范。一是学习方法说学化。就是学习时"多说少写"，能用说的方式学会的就多用说学，写只是发生在一锤定音确保真正掌握的时候。二是学习行为课程化。每一次学习，哪怕是完成一次作业，背诵一段课文，都用课程思想要求自己，确保目标、内容、计划、资料一应俱全，样样达成。三是说学素养训练化。"小立课程，大作功夫"意思是学习目标任务要往小往细制定，而训练和功夫一定要往大往深里下，本领和素养不会一蹴而就，必须要扎扎实实地苦学苦练。说学的习惯、能力等素养，以及所学知识和技能都需要扎扎实实刻苦训练，引导学生养成勤奋刻苦学习品质。四是说学实践社会化。说学教育是"说中学"，也是"做中学"，学习要经历实践过程。教育非学校一家功效，家庭教育和社会教育缺一不可，因此，说学实践要有大格局，要融合学校、家庭、社会为一体，让学生的说学实践发生在任何地方、任何时间和任何人群众中。这样的实践活动才接地气，才符合教育规律，才能真正培养学生的说学能力。

说学评价

　　说学教育有自己的评价体系。评价就像一个指挥棒，长期指引着教育方向。高考是评价，于是中小学教育体系都是按照高考设计的。每一轮的课程改革是指挥棒，于是新中国成立以来九轮课程改革要求成为阶段性教育主旋律。素质教育是指挥棒，基础教育几十年一直重视学生素质培养。如今五育并举是指挥棒，全国学校都围绕五育并举设计教学目标任务活动和作业，教育学生德智体美劳全面发展。说学教育主张"说中学"，就要用"说学方式评价检验学习成果"，这种评价就叫"说学评价"。

　　说学评价提出"1+n"评价模式。即"笔试＋口试"评价，"1"指一张试卷，也就是笔试，检测学生学习成果书面达成情况，"n"是多种测评项目，也就是口试，根据说学项目检测学生学习成果达成情况。"1+n"说学评价是一个十分灵活的评价机制，口试项目、时间、空间不固定，根据每个学期的教学实际，灵活设计考试项目，考试时间、空间也随教学进程而定，成熟了就测试。"1+n"说学评价把学期考、月考、单元考、随堂考、日日清都包含了进去，教师可以把任何一种考试设计成"笔试＋口试"评价任务，随着每天的学习进程就落实了。

　　语文学科的"1+n"说学评价。从项目上梳理，语文学科"1+n"说学评价可以有"试卷＋整本书知识""试卷＋某一个单元知识""默写＋生字""默写＋好词佳句""默写＋古诗词""默写＋课文背诵""创造＋修辞""创造＋描写手法""写作＋口语交际"等多种说学评价形式。"试卷＋整本书知识"指通过复习让学生全部背诵了课文，背诵了古诗词，背诵了生字表，看着生字和园地练习了组词、解释词语、造句、改写句子、片段口语交际、分析短文等口试项目，然后用一张试卷检验学习成果。"试卷＋某一个单元知识"指通过复习让学生就某一个单元背诵了课文，背诵了古诗词，背诵了生字表，看着生字和园地练习了组词、解释词语、造句、改写句子、片段口语交际、分析短文等口试项目，然后用一张试卷检验学习成果。"默写＋生字"指学完一课或几课后，专门针对生字进行了背诵、指读、辨析、组词、造句、写话练习后，然后用默写或听写的方式检验学习成果。"默写＋好词佳句"指学完一课或几课后，专门针对好词佳句进行了背诵、归类、说话、写话练习后，然后用默写或听写的方式检验学习成果。"默写＋古诗词"指学完一课或几课后，专门针对古诗词进行了背诵、解读、分析、讲述练习后，然后用默写的方式检验学习成果。"默写＋课文背诵"指学完一课或几课后，专门针对课文进行了背诵、字词句理解和分享、修辞、写作特点、描写手法、人物形象、故事情节练习后，然后用默写的方式检验学习成果。"创造＋修辞"指学完一课或几课后，专门针对修辞进行了交流、归类、模仿、口语交际练习后，然后用创造的方式检验学习成果。"创造＋描写手法"指学完一课或几课后，专门针对描写手法进行了背诵、分享、模仿、口语交际练习后，然后用创造的方式检验学习成果。"写作＋口语交际"指学完一课或几课后，专门针对语文园地里的口语交际进行了训练后，然后用写作的方式检验学习成果。教师不定期随机可根据不同阶段涉及的学习内容选择合适的评价形式，及时针对性评价学习，鼓励学生，检验成绩。以上各种评价形式也可以成为教导处了解学情的测评方式，教导处可从其中任意选择几个项目组织全校性考试，就可以及时掌握某一领域、某一阶段或者综合学习情况。

数学学科的"1+n"说学评价。从项目上梳理，数学学科"1+n"说学评价可以有"试卷＋整本书知识""试卷＋某一个单元知识""默写＋计算""计算＋创编""绘图＋创编""操作＋创编"等多种说学评价形式。"试卷＋整本书知识"指通过复习让学生全部口头训练了填空题、判断题、选择题、计算题、应用题后，用一张试卷检验学习成果。"试卷＋某一个单元知识"指通过复习让学生就某一单元所学知识口头训练了填空题、判断题、选择题、计算题、应用题后，用一张试卷检验学习成果。"默写＋计算"指每天或某几天，学生针对整数、小数、分数、加法计算、减法计算等进行常态化口语练习后，用默写或听写的方式检验学习成果。"计算＋创编讲题"指每天或某几天，学生利用数字，自编数学信息，创编数学问题，并讲述了解题思路后，用计算的方式检验学习成果。"绘图＋创编讲题"指每天或某几天，学生利用数字，自编数学信息，创编数学问题，并讲述了解题思路后，用绘制线段图或实物图的方式检验学习成果。"操作＋创编讲题"指每天或某几天，学生利用数字，自编数学信息，创编数学问题，并讲述了解题思路后，用动手实物拼搭的方式检验学习成果。教师不定期随机可根据不同阶段涉及的学习内容选择合适的评价形式，及时针对性评价学习，鼓励学生，检验成绩。以上各种评价形式也可以成为教导处了解学情的测评方式，教导处可从其中任意选择几个项目组织全校性考试，就可以及时掌握某一领域、某一阶段或者综合学习情况。

英语学科的"1+n"说学评价。从项目上梳理，英语学科"1+n"说学评价可以有"试卷＋整本书知识""试卷＋某一个单元知识""默写＋词汇""默写＋句式""默写＋短文""默写＋课文背诵""创造＋歌谣童话""写作＋专题交际"等多种说学评价形式。"试卷＋整本书知识"指通过复习让学生全部背会了词汇、句式、短语、课文、应用练习后，用一张试卷检验学习成果。"试卷＋某一个单元知识"指通过复习让学生背会了某一单元的词汇、句式、短语、课文、应用练习后，用一张试卷检验学习成果。"默写＋词汇"指学完一课或几课后，专门针对词汇进行了背诵、指读、辨析、说话、讲故事练习后，然后用默写或听写的方式检验学习成果。"默写＋句式"指学完一课或几课后，专门针对句式进行了背诵、指读、模仿、讲故事练习后，然后用默写或听写的方式检验学习成果。"默写＋短文"指学完一课或几课后，专门针对短文进行了背诵、复述、创作、讲故事练习后，然后用默写的方式检验学习成果。"默写＋课文背诵"指学完一课或几课后，专门针对课文进行了背诵、理解、对话、讲故事练习后，然后用默写的方式检验学习成果。"创造＋歌谣童话"指学完一课或几课后，专门针对童话和歌谣进行了背诵、表演、对话、创编练习后，然后用创造的方式检验学习成果。"写作＋专题交际"指学完一课或几课后，专门针对某些专题话题进行了对话、表演、创编、讲故事练习后，然后用写作的方式检验学习成果。教师可根据不同阶段涉及的学习内容选择合适的评价形式，及时针对性评价学习，鼓励学生，检验成绩。以上各种评价形式也可以成为教导处了解学情的测评方式，教导处可从其中任意选择几个项目组织全校性考试，就可以及时掌握某一领域、某一阶段或者综合学习情况。

音乐、美术、体育、科学、思政和计算机学科的"1+n"评价。1指每学期期末统一测试，n指任一项目单项检测。n单项检测标准按照国家标准执行，检测时间随教学计划阶段性落实，整学期成绩汇总"1+n"评价结果。

说学教研

说学教育作为一项教育改革，必须要形成一套教研机制才能支撑改革走向成功。

一、改革初期适合的教研形式

改革初期，人人不知道怎么改，课怎么上，学生方法怎么指导，需要明确给出方法。

逐级磨五步走。就是组建一个课改团队，一个年级一个年级去指导。逐级磨五步走，一个年级一个年级地打磨，打磨的时候分五个步骤进行。第一步，年级组教师编制说学稿和教学设计，有一名教师尝试应用，在实践的基础上提出课前预习和课堂教学具体做法。第二步，学校课改团队与年级组进行集体教研，研究和修改年级组提出的说学稿、教学设计和课前预习和课堂教学具体做法。第三步，年级组选出一名教师执行课前预习和课堂教学预案，学校课改团队与年级组教师进行课堂观察。第四步，学校课改团队与年级组进行第二次集体教研，进一步修改完善说学稿、教学设计和课前预习和课堂教学具体做法。第五步，召开年级或全校观摩课，发起一场年级或全校性的集体研讨。

三三制教研。配合"逐级磨五步走"教研形式，由于课改团队集中打磨一轮就要很长时间，期间无暇顾及所有年级和学科改革进程，为了调动教研组内生动力，于是出现了"三三制教研"。即在一个教研组内实行"同课、同研、同上，一备、二备、三备"，确保每个人时刻行进在教改之路上。"同课、同研、同上"指一个教研组内，大家共同研究一节课怎么上，共用一个教学设计，同上一节课。"一备、二备、三备"指备写一份教学设计和上好一节课需要经历三次打磨，第一次由一个主备人自己备写打磨，第二次由教研组集体修改再打磨，第三次邀请学科组长或优秀教师参与修改打磨后上公开课。

走班上课。改革也需要"手把手"地教。走班，就是让同年级的优秀教师走进需要指导教师的班级上课，面对面示范，等于是手把手地教。走班上课的好处是，看得见，学得快。同样的学生，在自己的指导下，和在优秀教师指导下的差异对比，就是改革的魅力所在。有了这种对比，教师们的感受是直接的，他们会迫切改变。学生也一样，听了优秀教师的课，他们会渴望自己老师的改变。双向选择，改变会变得相对轻松。

跟班管理。跟班管理与"走班上课"是姊妹篇，走班上课是示范课堂教学，跟班管理是建构课堂文化。说学教育的基础是"自主合作探究"，课堂形式要改变，首先要有良好的自主学习与合作学习文化，学生要有自学能力，有与他人合作意识，要形成自主与合作的好习惯。优秀教师在培养学生自主合作方面做的总是比大家好，因此形成的班风学风要好于大家，跟班管理就是把他们的这些好经验、好做法手把手教给所有老师。

二、改革中期适合的教研形式

改革中期，整体推进式教研形式已经变得不是太迫切，机制的固化和个性化需要成为关键。

订单教研。就是按照订单开展个性化教研。订单教研有两种情况，一种是"自上而下"，由教导处向教师个人下订单，预约什么时候听课，研讨教学。另一种是"自下而上"，由教师个人向教导处下订单，提出听课申请。订单教研是相对个性化的，不论"自上而下"，还是"自下而上"，都是解决个别人个别问题。"自上而下"订单教研需要纳入学校教学工作计划，做整体统筹管理。"自下而上"订单教研需要结合公开课、示范课、观摩课进行，否则主动提出订单的教师会很少。

周周公开课。即周周都上公开课，具体形式是每个学科每周固定安排 1—2 节公开课，进行全校研讨，在集体研讨中推进课堂教学改革。周周公开课的存在，可以让教师们周周都能听到课改课，周周都集中在一起研究说学课堂。这种形式让每一个人都时刻浸润在课改中，课改研究高频出现。由于是公开课，质量相对要高一点，于是"逐级磨五步走""三三制教研""走班上课""跟班管理""订单教研"这些教研形式都会被教师们自发地引入到公开课之前，用来打磨一节好课。周周公开课还有一种轮流坐庄思想在其中，由于一个学科就那么几个人，每周都有一位教师做公开课，一学期下来每个人都会轮到一两次，这样大家就都得到了历练，人人都能提升教学水平。

班级共同体。由于课改文化统一性，"自主合作探究"需要在各个学科中保持一致，这就需要把同一班级的所有教师凝聚起来，做一样的事，组建一样的小组，下达一样的任务。于是，"班级共同体"就诞生了。"班级共同体"就是把一个班级看成一个共同体，再组建合作小组，下达合作任务，形成合作文化时，所有任课教师一起研讨，形成最终方案。执行时同步走，这样就保证不论上什么课，学生都知道自己和谁合作，怎么合作，长此以往，就会成为习惯。"班级共同体"一经建立，会跨越教学，向德育领域、家校共育、集体荣誉渗透，学生会把学习上形成的合作，习惯性地入延伸到三操、值日、打扫卫生、学校社团、社会实践、家庭作业和小组荣誉等各个方面。

主任带教制。就是由主管教学的副校长、教导主任带教。带教包含两层意思：一是"带课"，副校长、教导主任每学期至少要做一次公开课，起到示范引领的作用，意为带领课堂教学的方向；二是"带人"，副校长、教导主任每学期至少带1—2名教师，每周进入他们所带班级上1—2节常规课，起到手把手教的作用，带领教师快速成长。通过这种方式，将教师和学校里对教学最有发言权的教学管理人员对接起来，能够最大限度地避免新教师走弯路，无故浪费大量学习时间，实现最快捷成长。进入课改中期，课改的"培优补差"问题就显现出来了，需要有人站出来，做好这件事情，主任带教因此诞生。

名师带徒制。配合"主任带教制"，出现了"名师带徒制"。因为主任数量有限，而需要"培优补差"的教师多，还有每年新补入的青年教师需要入门指导。发动所有名师带徒弟，能最大化使用优质资源，形成多个"一帮一"组合，加快孵化推广先进经验。每所学校都有特级教师、各级名师、各级骨干教师，还有许多无冕之王，这些都是宝贵资源，都能成为课改尖兵。学校建立名师培养、管理、考核机制，成立名师团队，拓宽教师培养渠道，有助于教师成长，快速融入课改之中。

三、改革后期适合的教研形式

到了改革后期，成长起来的教师和成熟的成果越来越多，需要搭建一些平台让大家展示出来。

以赛促改。即组合各种形式的教学比赛和技能大赛，通过比赛促进改革，提升教师教学水平。"各学科课堂教学比赛""各年龄段课堂教学比赛""各级别课堂教学比赛""集团校际间课堂教学比赛""各种说课、观课、评课比赛"等都有计划进入学校教学工作计划，有序推进开展。赛课本来就是学校教研的一种常见形式，说学教研用好了这种教研形式，会事半功倍，助推教学改革。

教学论坛。说学教育改革毕竟是换思想、换方式、换做法的改革，中间出现走弯路栽跟头都是非常正常的。为了少走弯路少栽跟头，经常性交流思想十分必要，这就需要开展各种形式，各种内容，各个层次的"教学论坛"。召开教学论坛，需要把握时机。以解决问题为主的论坛，要根据问题出现的时间、性质、范围，及时召开相应的论坛。以推介某些教师的好经验好做法的论坛，要成熟一个推介一个，论坛不定期召开。以总结课改阶段性研究成果的论坛，要综合各种因素和人员，论坛能推动下一阶段改革。

名师工作室。到了课改后期，需要把一些人集中起来攻坚克难。名师工作室就是把人集中在一个工作室里，确定一个研究主题，大家集中智慧，攻坚克难出成果。为课改建立的名师工作室职责不在于培养人，而在于出研究成果。因此，这样的工作室不宜设定两年或三年时间限制，而是以长期存在为主。这样的工作室成员选择也不宜指派，而是由主持人和教师双向自由选择。

改革成果分享。改革后期，要及时分享改革成果。课例、讲座、论文、专著、心得、体会、精彩故事、先进人物都是分享的内容，通过及时分享，肯定成绩，鼓励干劲。

说学教师培养

　　说学名师不是一蹴而就的，需要修炼，像所有名师一样，要经历多年修炼，读很多书，上很多课，想很多问题，才会逐步成长起来。

　　入门培养。入门是成为说学名师必须经历的第一关。入门培养意味着"挂着拐杖走路"，教师必须严格按照说学教育设定的框框走路。教师先要学习消化目标、原则、要素、方法等，把理论概念的东西记在心里，内化领会，进而指导教学行为。至于教学行为，就要套框框。预习阶段，照着说学稿的模板编写说学稿，学生预习时一个人在家里怎么做，预习完了怎么和小对子或家长互动，教师怎么检查预习作业，按照规定动作做。早读时间，学生如何分配预习交流和复习巩固时间，如何把握一个人自学和几个人合作学习尺度，如何选择读、背、写和小对子互相检查学习方式，也按照规定动作做。课堂教学，要严格执行五环节四动作，检查环节如何既知晓了学生预习情况，掌握学情，又能因势利导，现场设计教学进程，四动作在导学和拓展环节解决执行，确保师生角色转换，学习从自主到合作，沿着展示汇报、补充质疑、教师指导的路子一路顺利走下来。课后复习，杜绝大作业量低效率使用教辅材料，教师按照"多说少写"原则自己布置读、背、写作业，控制作业总量和时间。午读时间，上好说学课程，每课必定提前准备，有一个说学本，把演讲、辩论、新闻、朗诵、阅讲等课程搜集的材料都提前抄写或粘贴在说学本上，课前对着说学本反复练习达到熟练自如程度，课堂上按照小对子说学，全班展示交流，教师点评三段式进行。学生每日行为，在"自善少年（儿童）"智慧管理系统里由教师、家长和小组内完成评价。

说学普师。经历了短暂的入门培养后，教师就进入了说学普师阶段。说学普师对入门要求的预习阶段、早读时间、课堂教学、课后复习、午读时间和学生每日行为都已经烂熟于心，并在实际教学中能够轻松驾驭，自如选择。任何教学模式或学习方式，培养的都是习惯，沉淀为文化。说学教育入门阶段的所有严格要求，都是为了帮助教师和学生养成新的说学习惯。到了普师阶段，教师和学生需要的说学习惯和文化已经基本形成，于是在教学中就可以相对自由一些，教师根据实际情况选择更合适的做法，也可以走捷径。但不管如何选择，坚持用读、背、写这样的说学方式不能变，一定要"多说少写"，坚持思、辩、疑这样的理念不能变，一定要"以说启思"。不管如何选择，预习、学习、复习这样的流程不能变，这是做事态度，养成做任何事情先有准备，再去实施，后有反思是伴随人一生的习惯和文化。不管如何选择，先自主，再合作，先交流，再质疑这样的程序不能变，任何事情都是有规律的，道法自然，按规律办事是永恒的哲学命题。不管如何选择，演讲、辩论、新闻、朗诵、阅讲这些课程撬动的是大量读书、看报，小立课程大作功夫，把学生每一点进步建立在大量的勤学苦读上。

说学骨干。从普师到骨干必定有一技之长。有的教师是课堂教学之长，把说学课堂上的非常精美，所有的过程方法堪称表率，所有的说学理念都落实达成。有的教师是培养学生之长，说学教育要求的课前预习怎么做，课堂教学怎么做，课后复习怎么做，说学课程怎么做，他都能落实在学生培养上，把学生习惯培养得特别好。有的教师是管理班级之长，他能把班级管理得特别好，从班级到大组，从大组到小组，从小组到四人组，从四人组到两人对，他能管理得井井有条，进而把说学理念渗透入微。有的教师是培优补差之长，在他的班级里只有优生没有差生，仿佛爱的使者，任何学生到了他们班级就变好了。诸如此类，都是说学骨干教师。以此思想论之，任何普师都有成为骨干的可能性，需要认识自我，合适选择。

说学名师。名师是有魅力的，注定粉丝万千。看名师的课堂，节节精彩，处理课堂突发事件灵活多样；听名师的报告，神采飞扬，句句珠玑；读名师的成长历程，就会发现名师有共同的内涵特征，那就是个个博览群书、挖掘研究、自省自悟、持之以恒。四有好老师提倡的有理想信念、有道德情操、有扎实学识、有仁爱之心也是名师的特征。说学名师还要具有信仰和研究说学教育的情怀，有推广和福泽更多师生的使命，有说服和引领同事走说学之路的担当。说学教育有大爱，要把学生从作业堆里拯救出来，用说学方式高质量学习，要把学生小眼镜去掉，降低近视率，用说学方式去维护健康，要把学生从超负荷学习中拯救出来，保证每晚睡眠时间达到九个小时以上，要把学生从枯燥和功利中解放出来，让他们可以读喜欢的书，知晓自己的兴趣点，健康茁壮成长。所有这些，唯说学名师高水平教学才能达成。在今天的教育中，教育结果上不去，多好的教育理念都无法生存。若说学名师把以上目标实现，说学教育必将大放光彩。

第四章 合作文化

合作是胜负手

在"自主合作探究"中，合作是核心，是胜负手。学习是通过阅读、听讲、思考、研究、实践等途径获得知识和技能，这些行为是要落实在每一名学生身上的。唯此，学生才具有学习能力，才能学会学习。一切学习的自觉性、主动性、独立性、创造性都是学会学习的标志，也都是学生自主学习具有的特征。但是在现实中，不是每一名学生都能拥有以上素养，尤其是班级授课制下，学生差异长期存在，大班额导致教师不能——对应，因材施教，于是，合作学习应运而生，成为关键。

说合作是胜负手，是因为合作出现了 N 个老师。合作学习最小组织是两人小对子，那么就可以出现一半小老师，这些小老师采用兵教兵、兵管兵、兵督兵、兵查兵等形式能让每个人行动起来，完成所有任务。说合作是胜负手，是因为合作才能改变课堂教学。传统课堂教师讲，学生听，每个人理解多少学会多少全凭个人天赋和努力程度。而合作不然，课堂上安排了一次合作学习，就得知道合作学习结果，学生要汇报。一组汇报还不够，要了解其他组学习情况，就要让大家补充质疑。学生补充了还不够，因为他们毕竟是学生，认识程度理解能力有限。就要老师站出来点拨指导，将知识解透，引学生发展。于是，课堂就变了，再不是老师从头讲到尾了。说合作是胜负手，是因为合作串联着自主和探究。一个人的自主学习会因为各种原因打折扣，合作学习可以在互补中开发每一个人的潜能，实现共赢。一个人的探究学习也会因为各种因素有高有低，合作学习可以集合多人思维和力量让探究走向深度。不论是自主学习，还是探究学习，一个人的力量总是有限的。而合作学习，发挥的是众人才能，集体智慧，效果当然好了数倍不止。有了合作作为纽带，自主学习和探究学习质量自然就提升了。说合作是胜负手，是因为合作将建立一种全新教育生态。合作能把教学和德育联结起来，小组几人在一起，既互相帮助搞好学习，也互相帮助端正言行。合作能把校内和校外联结起来，小组几人在一起，既可以在校内做好同学，也可以在校外做好朋友。合作能把兴趣和爱好联结起来，小组几人在一起，既可以一起读名著，也可以一起打篮球。合作能把家庭和社会联结起来，小组几人在一起，就是家长们在一起，互相影响，资源共享。这样的合作，是德智体美劳全面发展的保障，学校教育生态因它改变。

自主合作探究三大学习方式，从 2000 年提出至今已有二十年。全国同仁都在探索实施途径，结果不一。有在自主上做得精致，有在合作上做得极端，有在探究上做得深入，但把三者做得好的并不多。说学教育窥破了其中真谛，发现了合作的纽带作用。既没有夸大合作的重要性，也没有弱化自主和探究的作用。确保合作的前提是自主，每一名学生独立自主学习是真正要培养的能力，每一名学生善思善学、探究知识原理是真正要培养的品质。合作是培养这种能力和品质的举措，有了合作，才能让每一名学生拥有这种能力和品质。打一个不恰当的比喻，有句话叫铁打的营盘流水的兵，学习能力、探究品质和自主与探究文化就是那个铁打的营盘，合作与合作在一起的学生是流水的兵，需要了就出现，不需要就解散，合适了就存在，不合适就更换。因此，自主合作探究学习方式，不能被合作学习简单替代。二十年课改，有一些改革过于夸大合作学习，做了很多改革改变，是不正确的。有一些改革单一只做合作学习，忽略自主与探究学习，是不科学的。有一些改革用合作包办一切，学生没有了自我，时间空间都被侵占，是不道德的。自主合作探究三大学习方式应该连体出现，且自主是根基，合作是手段，探究是核心，相辅相成，理解到位方能运用到位。

合作形式

合作能提升自主合作探究学习方式品质，是关键点、胜负手。那么，做好合作学习就显得尤为重要。为了真正把合作落到实处，就要仔细研究合作形式。

小对子。也就是两人小组，是最小的合作学习体。小对子就是同桌，坐在一起方便合作。小对子合作最容易成功。因为简单，就是两个人，合作起来特容易。只要有明确的任务，两个人不需要过多程序，轻松就能合作。小对子合作能效率最大化。一个班不论多少学生，小对子能同时让一半学生说，一半学生听。说和听都在参与，任何人没有游离于学习之外。小对子合作管理最接地气。每日作业、预习复习、上课听讲，包括文明礼仪、纪律卫生都是班级授课制老师无法顾及每个人的烦心事，交给小对子就妥了，可以一一对应，一个也漏不掉。小对子合作可以实现因材施教。学生个体有差异，老师又分身无术顾不过来，于是有些事可以交给小对子去做，针对速度慢、邋遢王、淘气包、钻空子、大脑子等特殊学生进行特殊化帮助。小对子合作执行兵教兵、兵管兵、兵督兵、兵查兵更容易。由于就是两个人，不是你查我就是我查你，天天如此，会习惯成自然。小对子合作做好了，其他形式的合作都能做好。因为其他各种形式的合作，都是两人合作的再组。

四人小组。两个小对子就是一个四人小组。从班级座位来看，前后排座位的两组小对子，掉回头就组成了一个四人合作小组。四人小组是对小对子的强化。平时常态化合作由小对子完成，小对子出现问题，效果不好的时候，四人小组发挥多人监督作用，强化效果。四人小组出现在需要的时候。有时候学习任务小对子完不成，需要四人小组合作，这时候四人小组就当仁不让地成为学习合作体。四人小组要研究有价值的问题。学习重在理解、内化，有些问题一个人和小对子都解决不了，需要集合多个人思想智慧，这种时候四人小组就能形成思维碰撞，产生火花。四人小组也适合项目式学习。大家对某个问题感兴趣了，确定一个学习项目，制定一套学习流程，然后每个人分工去做，最后集中在一起攻克项目难关。

N人组。包括三人、五人、六人，以及其他人数组成的合作小组。出现几人，随班级情况而定，按照座位就近组团，形成合作学习小组。在N人组里需要解决三人合作的问题。按照两人小对子建设思路，三人组就会出现两人合作，一人闲着这种情况。为了保证人人参与、时刻参与，当出现三人合作时，应一人说两人听，一人问两人答。有了三人组，五人小组就是一个两人组加一个三人组，六人小组就是三个小对子，七人小组就是两个小对子加一个三人组，以此类推，多少人的合作小组都可以组成。N人组的合作基础是小对子和三人组，在大组合作时，集中讨论就一起参与，轮流发言。如果需要分别讨论时，就可以按照小对子和三人组分开讨论，最后汇总。N人组更适合项目式学习。确定一个学习项目，制定一套学习流程，每个人分工可以去做很多事情，最后集中在一起攻克项目难关相对要容易一些。

兴趣组。是学生根据个人兴趣爱好，自发组成的合作小组。语文上的读书班、习作班、课本剧表演班，数学上的计算班、几何班、奥赛班，英语上的剑桥班、托福班、话剧班，音乐上的歌唱班、舞蹈班、器乐班，美术上的素描班、国画班、书法班，体育上的足球队、篮球队、健美操等都可以组成合作学习的兴趣小组。至于组成几人小组，没有具体限制，根据具体情况，由学生自己商量决定。关于活动时间和地点，也不做具体限制，由学生根据所选择的项目决定。兴趣组顾名思义，就是因为有同样的爱好而组建的，在一起就是干大家喜欢的事情。

第五章

说学语文

说学语文

　　"说学语文"受说学教育思想统领，对语文学科进行具象研究。它是"说学教育"思想下对应的语文学科，这里，我们给说学语文下的定义是：在说话、交流和表达中，通过自主、合作、探究、体验的方式，提升学生语言文字的运用能力及语文核心素养。它的核心要素是：问题，合作，思维，表达，审美。在说学语文的课堂上，说学教育的先预习再教学，学生主体，合作学习，说学艺术，学以致用这五大理念依旧适用。说学语文继续遵循简明、互动、深度、开放的四个特点，本着多说少写，多种说学，以说启思的三大原则，旨在把学生培养成为敢说会说、善听善辩的人，能够对知识做到融会贯通，最终学会学习。

说学语文预习

　　说学语文的课前预习体现为难度小、起点低两个特点，课前预习依托说学稿和合作共同体完成。为了让孩子在课前进行高效有向的预习，我校编制了富含本校特色、涵盖听说读写、促进学生正确运用祖国语言文字的预习资料——说学稿。"说学稿"是由教师课前预先设计，以书面的形式指导学生课前有目的、有针对性地进行自主预习的说学案。说学稿的形式编排追求多样性，努力调动学生眼、耳、手、鼻等多种感官参与预习，从而更好地激发学生预习的兴趣。

　　说学稿不是杂乱无章、随心所欲的一堆知识杂碎，而是有着一定的条理顺序。一般来说，说学稿内容的先后安排需综合考虑两条规律：学生的认知规律和阅读的一般规律。一是依据学生认知的一般规律，总体遵循由简单到复杂、由低级到高级循序渐进的先后顺序依次展开。正如《朱子读书法》中所说"字求其训，句索其旨，未得乎前则不敢求其后，未通乎此则不敢志乎彼"，有序地设置一个个坡度较缓的预习步骤，能更好地避免学生预习时产生畏难情绪，防止学生望而生畏，止步不前，从而一步一个脚印地引导学生由浅入深地进行预习。二是遵循"由整体到部分再到整体"的阅读规律，由"面的预习"到"点的预习"再到"面的预习"，有条不紊地引导小学生展开预习工作。

　　说学稿是学情分析的依据，经过我们不断地研究和适应，说学稿根据学段学生学习的不同特点以及所具备的不同能力，循序渐进，收放有度。学生在成长，要求在提高，不同年级学习要求不同，不同年段学生能力不同，因此，说学稿的设计不能各个年级一贯到底，我们根据不同年级学生的学情，设计难易不同、重点不同的预习单，体验由"具体任务"指导型——"流程提纲"开放型的预习。

根据年级不同，说学稿内容的设置也略有调整：低年级以字词学习为主，全部是方法指导，如何画出生字词，如何读准、如何认识，都有非常详尽的指导，手把手地教会孩子们预习的方法，学会自学，低年段的课文部分，主要是指导怎么标好自然段、怎么读通读顺这些基础性要求。但每一条要求都直指学习方法的指导，细致入微；中年级会出现更多的填空或者问题提示，而高年级则完全放手让学生运用中年级时学到的方法，独立梳理预习发现问题。再例如进行独立的分析阅读时，中年级学生主要理解不懂的词语，尝试发现单元主题，简单批注，主动积累一些精彩的句段等；高年级学生则不仅要求理解词语，还要尝试对精彩语句进行赏析并积累，能够通过对比发现单元主题。这样的说学稿老师好操作，学生好上手。

学生拿到说学稿后，需要按说学稿的要求先自主预习，然后在家通过微信群和小对子或小组的学习小伙伴交流，第二天到校后和小对子再进行面对面的交流，你说的不好的，我可以给你补充，你不太会的，我可以教给你，昨天学习的词语，我来给你听写等等。这样"兵帮兵、兵教兵、兵练兵"。

说学语文教学

在说学语文的课堂上，一般由导入、检查、导学、拓展、小结五个环节组成，我们可以简称为"说学语文"课堂的"五环节"。同时，在这五环节中，规定了要有对学群学、展示交流、互动质疑、教师点拨这四个步骤，这被称为"说学语文"课堂的"四动作"。而五环节、四动作就构成了一节说学语文课堂的结构。

具体来看，导入环节是导入新课，由教师创设情境，激发学生的学习兴趣，明确主题后快速进入，可以情境导入，也可以直接导入，时间不超过两分钟。

检查环节分为两种情况，新授课的检查，是对学生预习情况的检查，第二课时授课的检查环节，是对上节课所学内容的检查复习。检查的方式是小对子互相检查。先由学习小对子把自己的学习成果讲给对方听，提出自己的困惑，请对方给解答。两人形成统一意见后，略作简要分工，或起立或上台，展示给全班同学。虽然在检查环节，是小对子或小组的学习，但老师的作用也不可少，需要老师进行组织展示和点拨重点。

在第三个环节导学部分，教师要根据检查环节学生的展示交流，汇集问题存在，设计学习活动。学生的错误是诱因，在纠错中开始新知导学，亦步亦趋，循序渐进。要以核心问题入手、点拨解难，通过学生的自学、对学、展示以及最后教师的点拨，完成新知的学习。导学部分是检查环节里导学环节的延伸，将教学引向深入，从知识本身渗透的学科思想，需要培养的核心素养各个方面设计教学，展示教学艺术，让学生彻彻底底地学懂学会。因此，导学要尊重学情，要根据学情安排导学。其次，导学还需尊重教师的教学风格，用教师自己感觉最舒服、最民主、最能体现学生为主体的方式进行。导学的方式不论如何设计，活动如何安排，教材的重难点必须突破，该完成的教学任务必须完成。因此，导学要求精练，语言精准，过程简明，线条清晰，用时宜短不宜长。

第四个环节是拓展。说学语文具有延展性，在说学语文的课堂，专门安排了一个拓展环节，支撑这个环节的理念是学以致用，于是这个环节多数时间被安排了引入阅读篇目。因为规定引入篇目为同类型语言片段或同作者文章欣赏，所以阅读难度不大，学生能够接受，却又是课本内容的延续，拓宽了学生课堂学习的视野和范畴，具有很强延展性。

最后一个环节是小结。通过教师引导学生回忆本节课所学内容，做到对知识内容的总结和提升。

说学语文课堂上的这五个环节属于版块设计，利用学习任务进行驱动，达到层层递进上台阶的最终目的。其中，对学群学、展示交流、互动质疑、教师指导这四个动作贯穿五环节中，成为说学语文课堂上必不可少的部分。

说学课堂上的主角是学生，这一点通过"五环节四动作"予以控制，"导入、检查、导学、拓展、小结"五个环节控制了一节课40分钟时间，"对学（自学）、汇报、质疑、指导"四个动作控制了学习形式。

"说学语文"课堂环节采用板块推进、大问题引领的操作模式，它的特征是让学习真正发生。无论是一课时的课型还是两课时的课型，五个环节是不变的，简单的创始情景和导入，进入三个重点环节，先是检查预习，学生在汇报的过程中先做小对子交流，互相评价指正，然后进入导学环节，核心问题抛出，学生学习（可以采用自学、对学、组学等形式）、汇报学习成果，生生互动的补充质疑，教师适时地点拨指导，最后进入拓展环节，说学语文具有延展性，支撑这个环节的理念是学以致用，如果是两课时，这个拓展环节一般情况安排在第二课时最后，根据教学实际情况安排了引入一篇或多篇阅读篇目。因为规定引入篇目为同类型语言片段或同作者文章欣赏，所以阅读难度不大，学生能够接受，却又是课本内容的延续，拓宽了学生课堂学习的视野和范畴，具有很强延展性。

因为预习简约扎实，学生对于一节课的语言能力已经初步建立，再加上说学课堂规定的对学群学、展示交流、互动质疑、教师指导四个动作，学习始终在师与生、生与生之间发生，整节课都是这个样子，学习在课堂上真正发生了。说学课堂的效率和质量是有保障的，这一点通过预习和合作学习予以控制，预习阶段通过学讲稿辅导，并建立小对子互助互查互督，控制了学生在课堂上的基础和高起点，到了课堂，则在小对子的基础上建立对上对，形成合作小组，比学赶帮超，保证了课堂说学的高质量。

当然，要想上好一节说学语文课，课前就必须先做好这样几件事。第一，文本解读。这是对所教内容的一个深度解读和挖掘；第二，生本解读。这是对学生的认知、定位、发展做最详细的剖析，并搞清楚学生在哪里，通过教学学生到哪里去，找到学生认知水平和文本的契合点，也就是教学点。第三，的拎出核心问题。通过充分的文本解读和生本解读后，将文本的问题和学生的问题相结合，形成一个真问题，找到引领整节课教学的起点。这也是我们说学语文要素中的第一要素问题。第四，梳理五环节四动作，即说学语文课堂的流程。

做好这些事以后，我们才开始设计课前学生用的说学稿、上课的教学设计。

具体来讲，第一步骤，吃透文本，是一节有生命力的语文课的灵魂。学语文关注了语文学科本质，提出了"说学语文＋文学欣赏"，这一对应语文学科的说学思想。就是把每一篇课文都当成是一部文学作品去读。在文学欣赏表述中，说学语文提出了文学美、文章美、语言美、文字美四个控制要素。文学美是要让学生体会一篇课文所呈现出来的社会背景、人物形象、思想情感等美感，文章美是要让学生体会一篇课文在描写社会、人物、事件和情节时的跌宕起伏、环环相扣，语言美是要让学生体会一篇课文中语言描写的妙笔生花，文字美是要让学生体会一篇课文中中国文字的源远流长和古今文韵。我们要通过语文学习，培育学生对于语文、对于文学、对于文章、对于语言和文字的审美能力和素养，让学生在美的享受中积淀对社会以及人类的世界观。

那么我们如何和孩子一起欣赏到文章的美呢？作为教师，我们立足文本，从以下几个角度层层递进地与文本对话。拿到一篇课文，反复朗读是必要的，怎么读？

我是读者，抛除所有杂念，直面文本，这是一种"素面朝天"的细读，一种最本色、最本真、最本位的细读。

我是教师，文本中的哪些地方可以成为教学点，不但要解读这篇文章，更要关照从前，还有哪些内容和前面的教材及语文要素有联系。

我是学生，文本中的哪些地方我能读得懂，我曾经学过，哪些地方自己虽然一下子读不懂，但通过自学探究或合作学习能够理解；还有哪些地方我可能会遇到困难。

在这里我们强调，不论您用何种方法阅读文本，和文本的对话一定是最直面的、最纯净的、不误解文本意图的。在直面和纯净之中感受文本的力量。

说学语文复习

说学语文不仅关注预习，同样关注复习和巩固。说学语文把复习阶段的"说学"解读为"背""说""讲""写"。

背，就是背诵，要求学生把学习过的知识背会，做到"它知"变为"我知"。语文学习中，背诵是积累语言的重要途径，在背诵的过程中，学生对学习的内容越来越熟悉，同时这也是学生积累写作素材的过程。

说，则是保持语文学科属性，把学习的故事复述出来，做到学有所得。通过长期训练，学生在表述的时候，不仅能正确使用语言，有效地组织语言表情达意，同时能够运用姿势、表情、手势来增强语言的表现力。

讲，是结合自己的思考，把所学知识讲给他人。学生通过老师课堂上的讲解，结合自己的理解和思考，内化之后，通过小对子，小组交流或班级汇报展示，讲给别人听。

写，俗话说，纸上得来终觉浅，光靠背说讲还不够，该落实到纸上的必须要让孩子写。老师自己设计的活页作业是说学语文的教学资料之一。

从口头语言到书面语言。说学语文的复习巩固既保证了说学特征，又做到了扎实学习，在减轻学生课业负担方面产生了质的变化。

说学语文项目式学习

项目式学习，旨在让学习与生活融通，让学校与社会打通，让学习真正的发生。在动手实践、解决问题的过程中培养孩子的动手实践能力、创新与批判性思维。说学语文下的项目式学习，主要包括说学课程和说学语文拓展。

任何事物都不可能孤立存在，单体作用也不会有多大，说学语文也是一样。从预习到课堂、到巩固阶段，说学语文进行了缜密思考和相对互补，但是这样做还是不够的。因为学生能力决定说学质量，于是，我们学校开设了说学课程。从星期一到星期五，每天下午的半个小时时间，说学课程都有不同的内容。星期一的阅讲、星期二的辩论、星期三的朗诵、星期四的新闻、星期五的演讲。我们是这样想的，朗诵是语文美的抒发，演讲是语言能力的锤炼，新闻是组织语言的雕刻，辩论是语言与思维的融合，阅讲是复述语言的巩固。有了对语言的多种尝试、应用、融合，学生常态的语言能力定会提升，语言能力提升了，说学语文课堂质量也就上去了。

说学课程的操作也比较简单，环节主要有这样的三个环节，首先，让学生合作，可以是小对子合作，可以是四人小组合作，将自己准备的内容先在组内进行展示。其次，学生上讲台进行展示。最后，组织的老师进行评价。

说学语文下的另一个项目式学习，便是说学语文拓展。这其中包含整本书阅读、日记等专项训练。

说学语文课堂是学生的课堂，它强调学生思维的参与，通过有设计的阅读活动，引发积极的情感和思维活动，让学生获得学习的效能感；说学语文课堂是阅读体验的课堂，从阅读学习发生、发展到完成阅读建构，经历完整的学习过程，让学生获得学习、获得阅读表达的创造感。在拓展整本书阅读计划及任务向纵深处推进的今天，我们不仅需要旷日持久的热情，更需要科学理性的思考。"把每一个学生都领进书籍的世界，培养对书的酷爱，使书成为生活中的指路明灯"这也是说学语文在语文阅读方面努力的方向。

《义务教育语文课程标准》(2011年版)对小学阶段课外阅读总量的规定是：145万字。如果以曹文轩《草房子》一书为例，每本书约20万字，那么整个小学阶段读7—8本书，就完成国家的基本要求。

在时间的安排上，我们首先做到化整为零，用好"边角"时间。具体做法是每天中午20分钟，持续默读，读整本书；每天晚上10—30分钟，读经典美诗文，或"整本书"中的精彩语段，并进行亲子阅读互动。并且每周三作为"整本书阅读日"，这一天唯一的家庭作业就是读书，完成读书任务。其次，统筹安排，用好"整块"时间。教师在双休日及节假期尽量少给学生布置机械重复作业，取而代之，开展"亲子共读""个人推荐读""好书漂流读"等各种拓展整本书阅读活动。另外，还可以制定"家庭读书记录表"，记录全家人拓展整本书阅读计划及任务情况：如：书名、时间、页数等。

2016年开学初，全国数百万中小学生正式开始使用"部编本"语文教材。总主编温儒敏先生指出，"部编本"语文教材就是专治老师和学生不读书，或读书少这个毛病的。他鼓励学生"海量阅读""广泛阅读"，并建议采取"1+n"的办法，即讲一篇课文，拓展群文阅读教学或者整本书阅读实践教学。语文教师上拓展整本书阅读导课，推荐和介绍读书的方法和技巧，引导学生走进推荐要阅读的书目。

根据温主编的谈话精神，我们制定《最新统编教材阅读推荐书目》。在做拓展整本书阅读计划及任务书目推荐时，要充分体现经典性、可读性和语文性，小学阶段以童话、故事、寓言、童谣、儿童诗、科幻作品等主。

学生阅读后的展示，是凭借每周一的30分钟午读阅讲进行分享整本书阅读精彩片段的、读后感、自己的书评，等等，主持人轮流，鼓励让每个孩子得到"说"

的锻炼。在 30 分钟的时间里，让同学们用最简捷的方式碰触到书籍的精髓，进入一个又一个迥异又奇妙的书中世界。

除了阅讲课以外，我们在语文课中，也适当安排拓展阅读，在这些延伸课堂中，学生们不仅阅读能力得到了提高，更是将"说学语文"课堂精彩演绎……

学生通过把自己读到的精彩片段，运用小品、课本剧、快板、演讲、辩论等方式进行呈现。让输入和输出成为学生整个阅读的过程。当然，分享的方式很多，我们还可以成立"班级微信共读群"，用语音的方式，把书中的精彩片段和同学分享，这些分享，受到学生和家长的欢迎。

由于个体差异，每个学生的阅读兴趣、阅读习惯及阅读材料的选择都有所不同，所以不能用简单化一的标准进行评价。因此，我们通常采用以下两种评价方式：第一种是"班级读书排行榜"。操作非常简单，就是把全班学生姓名列在横轴线上，竖轴线上标上阿拉伯数字 1、2、3……一直到 30，代表 30 本书。学生每读完一本书，就把自己把书名写在一张标签贴上，再贴在自己的名字上方。第二种方法是"阅读之星推荐信"。就是让每位学生做评价主体，通过写"推荐信"的方式，把班级中既爱读书，又爱分享的"阅读之星"挑选出来。这是一种很有趣的实用文体写作方式，也是评价主体由教师的"绝对权威"走向"多重主体"的一种变革。

叶圣陶先生说："阅读是吸收，写作是倾吐，倾吐能否合乎于法度，显然与吸收有密切的关系。"可见阅读与写作之间有密不可分的联系。阅读是学生积累语言的主要途径。而写作的素材往往又来源于阅读中的间接感受。在教学中，无论是精读课文、略读课文、选读课文、还是拓展阅读、整本书阅读，我们都要注重指导学生由学习课文去领悟"应该怎样写"的要领。因此，在"说学语文"教学理念之下，无论是课内阅读，还是课外阅读，我们都在引导学生将"读"与"写"结合起来，把读写进行到底。鼓励学生写日记，就是一个事半功倍的好办法。

统编语文小学三年级上册第二单元的习作，就是《写日记》。写日记可以帮助孩子们养成留心观察生活、记录生活的习惯，是积累习作素材的很好的形式。同时，日记也是培养学生写作兴趣的最好办法。日记的内容很宽泛，可以记事，可以写人，做过的、看过的、听到的或者想到的，都可以成为日记的内容。因此，说学语文拓展提倡孩子们写日记。根据年级不同，日记数量也不同。比如，低年级可以每周写 2—3 篇日记，中年级每周可以写 3—4 篇日记，高年级可以每天坚持写日记。目前学校已经有很多班级开展了"写日记"的活动，相关教师每个星期检查一次，并评选出优秀日记进行展示。每学年还会将学生的优秀日记制作成为日记集以留存。

说学语文考试改革

　　说学教育建构了自己的评价体系，在说学语文方面评价表现为"1+3"。1为一张纸质试卷；3分别是古诗检测、阅讲检测、背诵课文检测。由于评价一改一张试卷定终身的书面评价形式，融入了口头说学评价，说学语文真就成了说学语文。最开始的8、9年时间里，每学期我们会认认真真组织三场全校性的说学语文考试，邀请家长担任考官，经过培训，进入班级，考评学生古诗检测、阅讲检测、背诵课文检测。这样的评价让说学语文生命力更加旺盛，一是学有价，任何东西，有学有查，有始有终就会长期存在，二是学有劲，被自己的爸爸妈妈看到自己的好表现是人性的本质，孩子们在这种评价中会越学越有劲。

　　随着互联网＋教育的深入推进，作为自治区互联网＋教育推广学校，现在说学语文的三项检测是这样的，学生拿着平板就可以通过说学教育的应用软件完成检测，这样不仅不消耗人力资源，更能通过语音识别这样的现代技术完成更公平公正的检测，当然，最让我们欣喜的是，原来每学期一次的检测可以实现实时检测、天天检测、月月检测、期期检测。

第六章

说学数学

说学数学

一、说学数学理论

说学数学主张五大核心理念："先预习再教学""主体性课堂教学""说学艺术""合作学习""用以致学"，课堂操作围绕五大理念设计展开，老师对课堂教学结构、学法、教法进行合理把握和应用，使课堂变得更为清晰、简洁、自然、深刻，进而达到优质和高效，最终实现学生数学基础学力的发展和数学素养的提升。

其中"说学"，是一种实践操作策略，是一种学习方式，是一种唤醒儿童自我开发潜能目标，也是一种教学理念。理想状态下的说学数学课堂应该是这样的：课堂结构——清晰、简洁；课堂进程——预设与生成交替呈现；活动开展——水到渠成、环环相扣；教师上课——自如、心中有数；学生学习——积极主动、情绪高涨。

"倒金字塔"理论与"说学数学"在教学效益的追求上是一脉相承的。"倒金字塔式教学"重在发挥学生主观能动性，帮助学生养成良好的学习习惯，"倒金字塔学习"与"说学课堂"在教学理念上是一致的，培养学生的自主学习能力。学习金字塔主张让学生教学生，让学生当"小老师"。《论语》"三人行，必有吾师焉"。让学生们意识到："传道授业解惑"并非高不可攀、无法实现的事情，只要自己主动自觉先进行预习学习就可以为师者。正所谓"温故而知新，可以为师矣"，孩子给孩子讲解知识、检查作业、监督的过程也是自我知识巩固与提高的过程。说学数学符合儿童的认知规律和知识构建的内在规律。

二、说学数学要领及操作

（一）课前预习

教师对数学课程标准的把握，教材的解读和加工处理，教学目标确立、教学重难点的明确很关键，然后教师通过整合课程资源，精心设计学生预学的说学稿。说学数学教学的课前预习，主要让学生整合素材积累活动经验、阅读文本例题找准新旧知识的连接点、思维引导启发为新知作知识铺垫、自主尝试探究获取知识等内容。说学数学通过"学讲稿"和"小对子合作"两个控制要素，落实数学预习。说学稿需要简洁明了，学生易于操作，说学稿上要有学法指导，学生在教师指导下自主克服各种困难学会知识。小对子建设的实质就是研究如何调到学生、发展学生、解放学生，唯有如此，课堂教学才有意义。课前预习培养的是一种良好的学习习惯，它做的是一节课的预习，影响的则是一个人一生成败。

（二）课堂教学

我们提出的"说学数学"教学主张，是在学生预习的基础上展开课堂教学的，由于学生自身差异，课堂教学的起点不同，所以教师在课堂教学过程中对这种差异和学生对教学内容的"先知"要做到心中有数，我们要以学生预习反馈的信息为基础，对目标、内容、策略、方法等做出合理有机的安排，使课堂教学更具有针对性和实效性。把课前预习习得结果作为课堂教学的起点，把学生预习所提出的问题的解决作为课堂教学推进的目标，让学生自主的参与知识的构建，又要促进学生自学能力的提高，让学习真正在课堂中发生，在学生的身上发生。

（三）说学数学教学要关注四个结点

1. 要明确课的定位，确定基础问题和核心问题

预习后的数学课堂预设绝不是简单的多几套方案，多一些束缚学生思维发展的条条框框，也不是让教师煞费苦心的来应对学生课堂上可能的"超前"现象。要预设的是怎样引导学生更好地进入学习情境，广开思路，找准课堂的基础点

和探究点。

数学学科一定是以基础问题和核心问题开展教学的。基础知识就是浅层次的知识，通过学生课前预习，大家都基本能掌握的，但在课堂上还需要面向全体去教学，这部分知识就以问题的形式让学生通过对学和交流，都能达到理解和掌握和内化的程度。核心问题就是数学的知识本质，把学生置身于知识的形成过程中，通过合作、展示、交流、质疑达到知识的构建掌握和应用。

2. 把握预习成果，关注全体，明确教学的起点在哪里

了解学情，知道学生起点在哪里，要到哪里，成为说学数学理念下，组织课堂教学中突出的核心问题。通过课前预习，每个学生或多或少地掌握和了解一些基础的知识，有了一定程度上的对新知的储备，但经过预学后的学生对新知尤其是教学内容的重点和难点到底了解到了什么程度，这是我们教师课前必须要了解的。教师要准确掌握教学起点、展示学生预学的真实状况，"说学课堂"是通过"五动作四环节"来调控的，"导入、检查、导学、拓展、小结"五个环节控制了一节课40分钟时间，"对学（自学）、汇报、质疑、指导"四个动作调控了学习进程。检查环节就是交流学生的预习成果，把课前碎片化的知识通过问题导向采取对学、交流展示汇报达到知识内化。教师通过了解和掌握学生预习之后学习成果来了解学生的认知结构，面向全体学生，能够准确把握学生的学习起点。

3. 构建知识结构，揭示知识本质，促进学生发展

（1）对学交流展示，内化浅层次的基础知识。

通过课堂初的预习成果展示，教师能发现有部分新知识比较单一或与学生生活联系比较紧密，大部分学生通过预学都能初步了解这些"显性知识"。教师可以让学生在汇报交流的各抒己见中，把学生预学时比较碎片化的、按水平方式排列的知识点有效建构。

（2）质疑补充，深度探究知识内涵。

学生凭借旧知的经验、新知的预学和师生之间的交流互动，对一些浅层次的、表象的知识学生能自学并理解。但学生对一些比较难的知识的理解可能出现一

些困惑、理解不够全面，或者产生一些错误的想法，教师应该引导学生进行思辨、感受知识成长的过程，让学生明晰自己思维症结的所在，完善知识块的整合，形成数学的基本策略和思想方法。

4. 说学数学课堂结构

（1）导课环节，让学生聚焦问题，即能激发学习兴趣，又能引发学生思考。

（2）检查环节，出示预习交流问题，通过对学、展示汇报、质疑补充，来检查学生的预习成果，掌握学生的起点在哪里，明确学生要到哪里。不要低估了由学生互动和自我修正所产生的效果。可以采用多种方式让学生反馈、汇报、展示自己对知识的了解情况，理解深度等。

（3）导学环节，是课堂教学的核心环节。这一过程是教学重、难点突破的教学环节，学生在自己的预学中对于隐含的思想、方法等可能难以自我独立挖掘，需要老师协助。所以老师应该清楚本环节中学生最需要你帮助的是什么？大多数学生会出现的问题是什么？这一环节中老师要灵活应用多种教学辅助形式和手段，让学生感知知识的本质，注重知识高度的建构和数学思想方法的形成。

（4）拓展合作环节，培养学生的合作意识和能力，同时也是培养学生创新能力的环节，让学生发现问题、提出问题、分析问题、解决问题。当然，不同类型的内容在拓展提高时的重点也有所不同。

①概念的教学，重点放在概念的形成的理解上。

②方法类内容，重点应着眼于对算法、算理和公式理解与运用。

③培养能力类内容，重点应着眼于对数学能力的积累与巩固。

（5）小结环节，这是一个学生自我评估和总结的环节。给学生一定的时间进行回顾整理，让学生在整理中形成自己的知识体系。

总之，先预习再教学，课堂中教师应立足学生的起点，让每个学生的智慧、能力和情感不断得到超越。让学生的预习成果和课堂教学内容有效融合，让课堂真正有生命活力。当然，后教对于教师而言是比较难的：在教学设计前要充分估计学生的已知、想知、能知、难知和怎知，尽可能准备把握学生的现实起点；

在教学设计时要根据自己对学生现实起点的估计和教学终点的把握，尽可能找到一条从起点通向终点的更为有效的途径。

三、说学数学与学科本质

说学数学提出了"说学 + 数学思想"的愿景，说学数学关注了文本的处理和学生学习情绪结构。在文本处理时需要思考：数学到底学什么？学数学的根本要义在于学习数学原创活动中的人类智慧，人类如何思考、如何实践以解决数学问题。数学的学习智慧在发现问题、提出问题、分析问题、解决问题的活动过程中，在活动积淀的经验里，在此基础上，顺便学点知识技能。数学怎么学？关键问题并不完全在于发现还是接受，而在于是否清晰地呈现了知识的原创过程，让学生感悟到蕴含其中的人类智慧。说学数学在文本的整合和开发加工编制学讲稿和教学设计时，已理清了具体知识点的本质和内涵。

在关注学生学习情绪方面我们需要这样做：说学课堂采用对学、群学、展示汇报、质疑、讨论、补充、教师点拨等教学策略，体现教学民主。课内和课外允许学生提出各种各样的问题，与教师、同学进行讨论、争辩，给学生提供产生灵感思维的机会，让师生之间和同学之间的心灵得以沟通，学生的思维避免了限制，学习在愉悦的气氛中进行，奇迹往往就在这些过程中产生，学生的潜能往往在这样的经历中释放，新知往往在学生展示交流中内化，展示和合作成为课堂教学文化，生成质疑成为学生学习的生命状态。这样长期坚持做下去，学生的情绪定能处于比较稳定的状态，也只有这样学生的兴趣才能得到保持。

四、说学数学与核心素养

让学生具有数学素养的人，数学的核心素养是什么？让学生在思想能力方面有数学抽象、运算推理、数学建模，直观想象、数据分析、转化思想的能力；核心素养从哪里来？从学生对数学认知中来，即从数学概念、数学规律、数学关系中得到；核心素养怎么形成？从学生思考自学、合作交流、创新实践中形成。

"说学数学"主张说学并重，学生在小组合作中通过表达、质疑，补充达到学习、理解的目的，积淀人文底蕴；学生之间互相质疑、问难，促使学生用于探究，积极表达，培养学生理性思维、批判质疑、勇于探究的科学精神。在"说学教育"下的数学课，学生自学、互学、互教，培养了学生学会学习的能力。

　　总之，说学数学追求的是唤醒学生的潜能，让教育回归原点，关注人的发展，既关注的了数学学科的本质特征，又体现了以人为本的育人理念，营造一种师生"生命在场"的课堂。

说学数学预习

　　说学数学教学的课前预习，主要让学生整合素材积累活动经验、阅读文本例题找准新旧知识的关联点、自我知识方法思想迁移、思维引导启发为新知作操作、思维、知识铺垫、自主尝试探究获取知识等内容。说学数学预习通过"学讲稿"和"小对子合作"两个控制要素，落实课前预习。什么是说学稿，是根据学生的经验（生活经验、操作经验、思维经验）和知识本质，通过对教材二次修改补充整合，让教材变为"学材"，指导学生课前有目的、有针对性的自主学习的一个载体。小对子建设的实质就是研究如何调到学生、发展学生、解放学生，唯有如此，课堂教学才有意义。课前预习培养的是一种良好的学习习惯，它做的是一节课的预习，影响的则是一个人一生成败。

　　说学数学预习需要做好四件事。

一、课前预习材料即"说学稿"的编写

　　（一）说学稿编写的原则

　　基础性原则、简洁性原则、操作性原则、体验性原则、启发性原则、发散性原则、开放性原则。

　　1. 基础性原则

　　说学稿的编写难度不宜过高，学生有能力自主思考、操作完成。

　　2. 简洁性原则

　　说学稿的编写不要复杂，简单明了。基本框架：旧知回顾，数学思想方法

的迁移引导，新知的自我尝试探究活动的创建（即数学学习事件化），梳理个人课前问题。

3.操作性原则

说学稿的编写一定要重视操作性，无论是数学概念、法则、公式的教学，还是数量关系和空间图形的教学，都要注重学生的动手操作和动脑操作，操作是产生思考和发现问题和提出问题的必要环节，人的创新意识和创新能力就是在操作中培养。

4.体验性原则

说学稿的编写要让学生经历问题（知识）构建的全过程，能自主构建新知的形成过程。

5.启发性、发散性原则

说学稿的编写一定要有启发性和发散性，撬动学生的已知经验，寻求创新元素，求异思维，让创新意识在知识迁移过程中慢慢播种和发芽。

6.开放性原则

说学稿编写的问题（活动）一定要开放，不是封闭的问题，否则学生的思维打不开。

（二）说学稿的价值

1.学生课前能够充分思考

2.教师课前能够深度思考

3.课堂能真正做到"以学定教"（知识教育经验教育智慧教育）

4.探究、合作、自主、体验式学习

（三）说学稿的编写内容

数学四大领域：数与代数、空间与图形、统计与概率和综合实践。在编写说学稿时，会有不同，但基本原理是一样的。数与代数：立足培养数学抽象、逻辑推理、数学运算。空间与图形：立足培养直观想象。统计与概率：立足培养数据分析观念。综合实践：立足培养数学建模。

用下面几个说学稿的编写案例来说明道理。

如人教版数学六年级上册《圆的认识》一课，说学稿是这样编写的：有一宝物距离小明2米，请帮助小明找到宝物在哪里？把你的想法可以通过画一画的方式表示出来。这是一个开放的问题，通过学生动手操作实践，初步发现宝物有可能在小明的前后左右2米处的地方，也有同学会发现只要距离小明2米的地方都有可能找到宝物。这样设置的教育价值在于找准了知识的生长点，既关注知识的本质，又注重了学生获得经验的积累，开放问题的设置有利于培养学生的发散思维和求异思维以及批判质疑问题能力，学生课前做了充分的独立思考，为课堂探究和合作学习创造了坚实的基础。

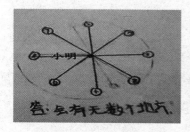
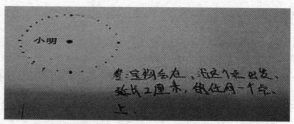

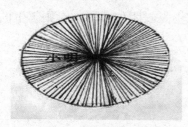

如人教版五年级下册《长方体和正方体体积》一课，说学稿是这样编写的：

（1）你能想办法数出下列图形中包含几个小正方形吗？并计算出它的面积？（每个小正方形的面积是1平方厘米）

这样编写意图就是让学生回顾旧知，找到新旧知识之间的关联点，让学生学会迁移，迁移能力是人的一种核心能力。

（2）你能数出下列立体图形中包含几个小正方体的吗？数数看，并说出你的方法。（1 个小正方体的体积是 1 立方厘米）

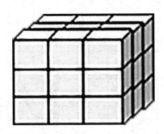

学生能根据已有的操作经验和已有的知识储备，从度量的视角出发，通过操作、计算、观察、思考形成立体图形体积的度量过程，为新知探究做好铺垫。

（3）思考：你能想办法求出这个长方体里包含多少个 1 立方厘米的小正方体吗？

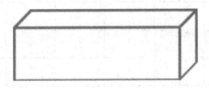

这个问题是一个开放问题，学生可以大胆地想象和操作，用上面的体验，来独立完成思考探究，学生经历知识形成的全过程，真正实现自主构建知识。

如人教版五年级《图形的旋转》一课，说学稿这样编写：

（1）回顾我们学过的图形运动。二年级时，我们初步感知生活中的平移和旋转现象；四年级我们又进一步认识图形的平移。

（2）下面物体属于什么运动？连一连。

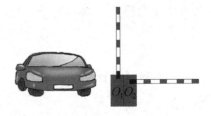

平移　　　　　　　　　　　　　　　　　旋转

这样的编写让学生回忆已经学过的知识和在学这类知识时的经验，为新知学习做好迁移准备。唤醒所有学生的认知结构，架起通往新知的桥梁。

（3）自主探究。

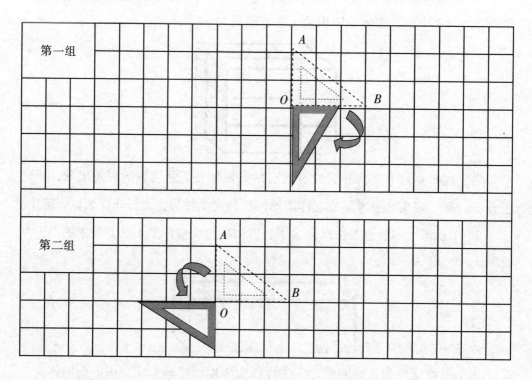

①观察上面两组三角尺 *AOB*，看看三角尺 *AOB* 发生了怎样的变化？（可以借助三角尺操作）

②怎样才能说清楚整个变化过程呢？试着说给你的小对子听一听。

大家试想这样编写的价值，把学生置身在知识的整个探究过程中，课前充分的操作、表达、思考，最后发现旋转的要素，为学生学习积累了经验，为知识本质探究提供了素材资源。

二、教学设计

（一）教学设计

小学数学如何教学？我们需要思考以下几个问题。

1. 小学数学的本质是什么？

2. 学生获得这些本质的学习方式是什么？

3. 重点内容怎么学习？

4. 怎样评价学生是否获得了数学的本质？

重点对知识本质的理解、基于学生认知的起点、整体的自主构建、重要的思想方法、培养学生核心素养、使学生学会学习、学会思考、形成可持续性自学能力。在此基础上我们思考教学设计如何设计，需要思考的几分层面：

（1）学科本质，知识的本来样子是什么？

（2）学生的起点在哪里？

（3）课程标准的要求是什么？

（4）说学数学的理念的落实

（5）"以学定教"的核心问题如何确定？

（二）活页作业设置

知识点、易错点、易考点、思维训练。

三、教会学生预习

我国古代学者早已指出：授之以鱼，不如授之以渔。学生掌握了预习方法，就等于有了"渔具"，才能使预习行之有效。因此，根据教材内容，教给学生好的数学预习方法，将使学生终身受益。无论是刚入校的一年级新生还是刚入职的新教师，或者是刚开始课改的学生还是教师，首先要做的是教会学生会预习，方法梳理如下：

（一）预习的载体

预习的载体有"说学稿"和课本，根据年段和具体知识点可分用"说学稿"预习和看课本预习两种。一年级学生大多数要看书预习，养成课前预习的好习惯。中高段年级两者兼得，如探究性知识、新旧知识相关联的、操作性活动的知识、需要积累活动经验的知识等都需要编写"说学稿"，培养学生发散、创新、思辨、探究等能力。

（二）预习方法

1.刚开始要领着学生完成"说学稿"，并教给孩子如何和家长、小对子交流自主预习的成果，预习时如遇到困难该通过怎样的渠道获得释疑。

2.在预习过程中一定要能提出一些问题，带着疑问，做好记录，并把问题带到课堂中来。

3.教给孩子课前5分钟需要和小对子交流预习成果，并把带入课堂的问题和小对子交换想法，寻求解决路径和思考策略，为深度学习做准备。

4.营造自主开放的交流环境：学生到校时间有早有迟，入校即学习，自主进行独学、对学、群学等多种说学。学生到校后的自主学习主要有："一背""二说""三查""四考""五评"。"一背"即把本单元概念说给小对子听，互相检查；"二说"把预习作业《说学稿》的过程说给对方听；"三查"是查练习作业，有不同见解的地方互相讲解；"四考"根据所学内容出题给小对子做，一般出易错题，数量不在多，时间在5分钟左右为好；"五评"是对小对子的表现给予评价。依靠班干部的管理，小对子的互助，久而久之学生就形成习惯，到校就投入有序学习，形成浓厚学风。

5.精心指导预习。"说学稿"既服务于学生的"学"，也服务于教师的"讲"。例如在教学《比的意义》一节时，是这样进行指导预习的。

认真阅读教材，思考下列问题：

（1）什么是比？比与什么运算很相似？

（2）比的各部分名称是什么？

（3）举例说明怎样求比值？

（4）皇马队与巴萨队足球比分为2：0，它是一个比吗？为什么？

首先让学生带着问题进行预习，要求在粗读课本的基础上完成第一、二个问题，继而要求学生在精读课本基础上对课后的简单基础练习进行解答，同时做好预习笔记，带着预习结果和问题进入课堂，在课堂探究环节让学生之间进行交流预习情况，然后教师大胆放手，让学生上台展示汇报，其他学生大胆质疑，提出问题，共同解决问题。这样教师有效指导学生预习，让学生在课堂上相互交流各自预习问题。长此以往，学生不仅能学到基本的预习方法，形成良好的学习习惯，而且还大大提高了自主学习的能力。

6. 及时反馈，检查预习。

（1）简单叙述，互相交流。学生"叙述预习"值得重视。俄国心理学家谢切诺夫指出：某一思想只有在构成一个人自己的经验中的一个环节时才能被真正领悟或理解。如在预习了《百分数认识》后，学生叙述：我觉得这节内容包括三部分：第一，百分数的意义，它其实是求一个数是另一个数的几分之几，只是分母要变成100；第二，百分数的书写，我们在银行、报纸上看到过这种写法；第三，百分数的应用，实际生活中它少不了。这样的叙述令教师意外和惊喜，学生预习能力相当强，超过教师的估计，只有学习者用最适合于他的个体经验语言正确表达这个新事物时，他才真正理解了新知识。

（2）检查预习，了解情况。教师迅速检查学生预习作业，大致获取学生预习情况，以便随机安排教学过程。如在进行《比的意义》这课教学时，我发现绝大部分学生求比值不成问题，而对求两个不同单位的比值时，化成相同单位的两个量困难较大，故重点训练统一单位名称。

（3）提出疑问，捕获难点。让学生大胆提出预习时的问题，以便教师把握学生学习新知的难点，及时调整教学过程。如在进行《倒数的认识》这课时，教师本来确定为理解互为是本课重点，结果很多学生提出：小数有没有倒数？此时，教师随机板演：2.5的倒数是多少，组织学生展开讨论，激发了学生思考，使学生们豁然开朗：先把小数化成假分数，然后把分子分母交换位置就是它的倒数。

（4）总结评价，督促鼓励。每次课尾声时，让学生概括总结自己预习的效果，重新审视自己预习时获得的知识与听完课后获取的新知，哪些没有想到？哪些是课上弄懂的？有利于学生调节学习方法，学会学习。例如在进行《圆的面积》这课教学时，学生总结说：在预习时我觉得这节内容很简单，就是利用圆的面积公式进行计算就行了，可是没想到，在计算过程中会出现这么多失误。以后我可要仔细预习，计算要更细心。此时，教师一定要及时，积极鼓励预习时能进行自我反思的学生。

总之，预习是为培养学生自主学习能力服务的，如果学生善于运用预习方法，养成预习习惯，由不自觉到自觉，认真预习，自主学习，能力自然就培养起来。正如我国古语所说："授人以鱼，不如授人以渔。"如今我们更应提倡让学生自己"捕鱼"，预习课可以更好地培养学生的"捕鱼"意识和能力，为学生的发展打下坚实的基础。

四、小对子建设

小对子是说学课堂应学生学习的需要而产生的合作学习形式，就是两个人合作学习，这是最小的合作单位，但却是最有效的合作体。为什么要建立小对子呢？在课堂教学中，我们的老师经常会发现这样几种现象：学生不敢发言、学生不会表达、不主动思考、不能积极参与到小组讨论学习中等。基于这些问题的存在，由此我们学校提出了建立最小的合作单位，也就是小对子。说学课堂凸显新课程改革的"自主、合作、探究"三大学习方式，有效的合作是保证说学课堂"学生主体性课堂"构建的前提和基础，如果合作走形式就别谈自主学习和探究学习了。所以，小对子虽然是最小的合作体，但是它的范围却会波及班里的每一个学生。

（一）小对子建设影响的对象

1. 对学生的影响

学生从各个方面都对自己有了严格的要求，他们担心自己落后了，自己的小师傅名号被取消了，回答问题别的小组会超越了他们，所以，他们不仅在学校相互帮助，在家里也相互监督，这样无形中就督促了一部分孩子的自主、自动、自觉的学习，久而久之养成了良好的学习习惯，成绩也自然而然地进步了，孩子也有了自信。这对他们来说是一座宝库。

（1）有利于培养学生的社会适应性。学生是未来的社会成员，必须具备社会人的主体性，而主体性并非是游离于社会的，它必须将个体融入群体之中，并自觉地为这个社会贡献自己的力量。当学生进入班集体时，就已进入了一个特有的小社会，他们必须在集体中发挥个人的能动性，在吸取集体的帮助教益和服务集体的活动中，使自身得到发展与提高，从而适应这个小集体。小对子合作学习，首先使学生在最小的小集体中相互适应，通过适应这个小集体，逐步过渡到适应大集体，从而培养了学生的社会适应性。之所以说它有利于培养学生的社会适应性就是因为：第一它创造了学生互相认识、相互交流、相互了解的机会。在小对子合作学习中，他们学会了把自我融于群体之中，虽然这是群体是两个人，他们两个人会一起学习，一起活动。第二，培养了学生善于听取别人的意见的好品质。要想适应社会，能与别人密切交往，其中重要的一点就是对他人能热心帮助，真诚相待。通过小对子合作学习，使学生感到要想使自己在学习上有所收获，必须做到相互帮助，相互取长补短，虚心听取别人的意见，从而培养了学生善于倾听别人的意见，成为他们在适应社会中所必备的条件。

（2）有利于培养学生的自主性和独立性。一个具有自觉能动性、自主性和独立性的人，是一个对事物有自己独创的思维与见解，敢于发表自己的意见，具有社会交往能力的开放型人才。小对子合作学习是培养这类人才的有效途径，小对子能够在两个人之间先进行充分的语言、思维及胆量的训练。通过两人之间的交流，在班级汇报交流时，他们才能够大胆地将自己的见解通过语言表达出来。就这样，在交流中逐步培养学生能主动与别人交往，形成自己的独立见解。

（3）为学生提供了更多的锻炼机会，促进了学生的全面发展。"需要满足论"认为，学校是满足学生需要的最主要场所。学生到学校里学习和生活，主要的需要是自尊和归属。小对子学习在课堂教学中为学生创设一个能够充分表现自我的氛围，为每个学生个体提供更多的机遇。人人都有自我表现的机会和条件，彼此尊重，共同分享成功的快乐，使每个学生进一步发现自我，认识自我，他们的主体地位被大大地肯定与提高，促进学生的全面发展。

（4）有利于提高学生学习的效率。在课堂教学中，老师提出问题时，经常会出现以下几种情况：一是不思考；二是结果完全错误或结果正确但方法单一。小对子合作学习，可使思考结果不正确的学生及时得到纠正；不愿思考的学生在小组学习的氛围中不得不去思考、讨论找到了问题的答案，激发了学生的学习兴趣，使小对子之间都树立起集体中心意识，增强学生为捍卫集体荣誉而学习的强烈动机，这种学习积极性的提高，正是发挥个体主观能动性的具体体现。

2. 对教师的影响

首先，就小对子的学习来说，只要运用的适时适度，会让我们教师的工作越来越轻松，因为原本需要我们老师检查的一些作业，比如课文背诵啊，课前的预习啊，我们都可以借助小对子，让学生之间检查、互查。

其次，就课堂教学而言，将时间充分地还给学生后，我们会发现，课堂上的大多数情况，是学生在说，对子说、汇报说、补充说、质疑说、思辨说，这样一来，我们的老师就不用再记再背那些让我们苦恼的过渡语、环节的串词。让学生交流，这对于一些相对于内向的老师，或者年龄稍大一些的老师，不得不说是一件好事，这样我们的老师也会很自信。

最后，最关键的是我们将课堂交给学生后，学生通过对子学习掌握新知，为了防止现在这些脑洞大开的孩子们在课堂上的各种状况，所以在课前备课的时候，就要求我们的老师要研究文本，研究教材，这样久而久之，教师的教学能力也会逐渐提高。

3. 对家长的影响

现在社会发展进步快，节奏也快，为了生活我们家长也是每天早出晚归，忙碌了一天拖着疲惫的身子回家还要面对孩子，孩子的作业有哪些，写完了没有，哪些地方没有听懂，哪些题还不会做等都要操心，但是自从有了小对子，他们互相督促完成家庭作业，有问题相互探讨解决，甚至洗脸洗脚睡觉也会监督，家长们也感觉自己轻松了，闲暇之余他们也会跟对方的父母亲交流育儿的经验，交流孩子的培养，无形中家长的素质也提高了。

（二）如何组建小对子

学习小组的构成对合作学习的成败起到至关重要的作用，结构合理的分组是合作学习取得成功的前提。在组建小对子的时候，我们的老师必须做到以下几点。

1. 深入了解学生

了解每一位学生的性格、爱好、特长以及他们的学习情况，然后才可以进行小对子的组建。在这期间，我们老师需要进行三次分配。

首先将全班学生分为两类，好动的归为一类，比较内向的腼腆的放到一起，然后将这两组同学再进行权衡，做到一个好动的孩子，搭配一个文静的孩子。然后再按照学习成绩和学习态度，一个学习成绩好的孩子搭配一个学习稍微差的孩子，这样，就是最初期的一组小对子。

2. 学生搭配磨合

初期的小对子分好后，教师一定要多加观察，在小对子之间会需要一段时间的适应，需要磨合，当然中间也会出现很多问题，比如学习成绩好的同学看不起学习成绩不好的同学，不愿意和他们交流，有的甚至很自私地将自己所知道的一些知识点不讲给同学听，还有的学习习惯不好的同学故意捣乱不让同桌听课。这个时候作为老师，我们就要发挥作用了，找学生谈话，让他们转变思想，再进行二次磨合，只要工作做得扎实，学生会很好的配合。不过这些问题也只属于个别情况，大多数的小对子还是会顺利地度过磨合期。

3. 调整引领

顺利度过磨合期的小对子，教师就要教给学生小对子之间怎样配合，怎样相互引领，怎样相互约束，让学生知道小对子在学习中所起的作用，然后才能开始合作学习。

小对子合作学习可以使每一位学生被关注，真正做到因材施教，可以避免课堂中学生精力的流失，让学生人人参与，强化"兵帮兵、兵练兵、兵强兵"的教学理念，更大程度发挥学生的自主、合作、探究式学习的能力。

说学数学教学

我们提出的"说学数学"教学主张，是在学生预习的基础上展开课堂教学的，由于学生自身差异，课堂教学的起点不同，所以教师在课堂教学过程中对这种差异和学生对教学内容的"先知"要做到心中有数，我们要以学生预习反馈的信息为基础，对目标、内容、策略、方法等做出合理有机的安排，使课堂教学更具有针对性和实效性。把课前预习习得结果作为课堂教学的起点，把学生预习所提出的问题的解决作为课堂教学推进的目标，让学生自主地参与知识的构建，又要促进学生自学能力的提高，让学习真正在课堂中发生，在学生的身上发生。

一、说学数学教学，有以下几层意思

（一）说学数学教学是在大教学观念下开展的教学行为

从数学四大领域来说，数与代数、图形与几何、统计与概率、实践与综合应用去思考教学怎么开展，例如图形与几何领域，首先我们老师要理解这部分内容的核心就是"空间观念"和"几何直观"，空间观念就是对空间中物体的位置以及位置之间关系的感性认知；几何直观是指能够利用图形描述和分析问题，是指借助图形对事物的直接判断。时间和空间是人们认识世界最为基本的概念，在日常生活中，人们看到都是立体的，所谓点、线、面、体、角都是抽象出来的概念，点不分大小，线不分粗细，面不分薄厚，这个抽象的概念本身不是现实存在的，只是一种理念上的存在。如认识图形的教育价值是什么？史宁中教授在他的著作中是这样表述的：不仅仅让学生会分类，知道叫什么、是什么，更重要的是让学生学会对图形的分类，在分类过程中要让学生感悟如何合理地制定分类标准，学会如何遵循标准合理地进行分类。在日常生活和生产实践中，制定标准和遵循标准都是不可或缺的，有效实施这样的教育过程，对培养学生的数学素养很重要，此外，分类的过程还能培养学生的抽象能力，因此在分类过程中既要关注图形的共性也要关注图形的差异，而共性和差异都是抽象的结果，是抽象的具体体现。在操作过程中积累基本的活动经验，既要有思维经验也有实践的经验，在操作过程中一定要让学生叙述理由，因为动手操作培养的是学生的直观能力，叙述才能培养学生的思考能力。例如长方体和正方体认识，本节课的教学内容比较多，容量比较大，知识点比较碎，如何在大教学观下开展教学呢，关键就是核心的提出和设置，我设置了用今天学到的点、线、面的知识，观察长方体框架，你有什么发现？这一个问题统领全课，让学生在解决这个大问题下，会把顶点、棱的特征、面的特征、长方体和正方体的关系一一解决。

（二）数学学习事件化

如果我们把我们的数学知识的学习都按照一个事件或者故事来让学生去学习的话，我觉得很有研究价值和意义，既然是事件，必有它发生的背景、事件的经过、结果和产生的影响，让学生真正成为知识的构建者，而非应用者、学习者，让学生成为事件的当事人，这样学生才能在特定的环境下悟出素养、变得智慧。《长方体和正方体的认识》这节课创设的事件就是搭建长方体框架，然后研究它的特征。从搭建中就有成功的体验，也有失败的教训，又有新的发现，还能培养学生抽象能力和推理能力，这样的事件是值得让学生参与的。

（三）还原儿童本真

让我们的课堂有儿童味，数学味是数学课堂必须有的味道，但我们忽视了儿童味道，没有儿童味的课堂是假的，我们要尊重我们儿童的思维、语言、学习水平、兴趣等，跳出成人思路，还儿童自主权，贴近儿童的生命状态，符合儿童的年龄特征。

（四）说学数学教学是一种理念，是真正儿童的课堂，让学习真正发生

（五）说学数学教学是一种全新的学习方式

学生不仅是知识的输入者、更多的是知识的输出者，用观察、交流、展示、思辨、质疑、补充、陈述等方式构建知识，提高能力。

二、课堂结构：五环节四动作

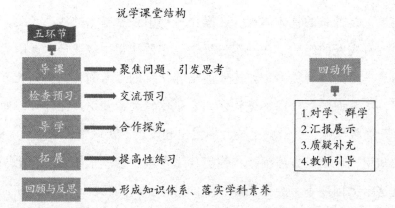

说学课堂结构

当下我们的教育的变革，互联网＋教育的产出，我们的课前预习不仅仅只是预习，而是一种自主学习，自主获取知识的环节。在这样的背景下，我认为我们的课堂需要翻转，教师的角色需要改变，变"教师"为"首席"；变"教案"为"学案"；变"讲台"为"展台"；变"教本"为"文本"。要创建多维互动、学生自主的教学组织形式。以"活动"为主、不"锁住"学生；以"发现"为主、不"代替"学生；以"鼓励"为主、不"钳制"学生。课堂多应有的自由与宽容，让学生思维闸门开启，迸发出智慧的浪花，激荡起创新的激情和成功的欢欣，教师要涌现出创造的光辉和人性的魅力。

课堂结构渗透的是一种教育理念，一种学习方式和教学方式的变革，而非模式，用环节来落实把课堂还给学生，用环节来培养学生的自主学习能力，用环节增强学生的合作意识。说学课堂的结构概括为"五环节四动作"。五环节分别是：导入——检查预习——导学——拓展——回顾与反思，四动作是指在检查、导学、拓展每个环节教学策略一样，即自学或对学或群学——汇报展示——补充质疑——教师点拨。现以例如人教版数学六年级上册第七单元"扇形统计图"

一课为例说明说学课堂实施过程。

【案例】课前学生预习任务：《扇形统计图》学讲稿

一、动手画一画

1.写一个自己喜欢的分数，用图把它的意义表示出来。

2.联系生活写一个百分数，说一说它的意义，尝试着用画图的办法表示出它的意义。

二、课前实践活动

1.统计本班男生和女生人数各是多少？

2.如果要比较男女生人数占全班人数的多少，可以怎样比？

3.你能尝试着用图表示出男女生人数占全班人数的关系吗？

【评析】扇形统计图和条形、折线统计图最大的区别就是能清楚地反映出部分与总数之间的关系，这是以百分数的实际应用作为基础的，从学生角度而言，在对统计知识的认知上有一定的思维跨度。所以让学生对百分数意义再回忆，为新课的学习奠定基础。让学生课前调查收集本班男女生人数，并分析如果要比较男女生人数占全班人数多少，怎样比。为新课的学习搭建了梯子。

三、教学过程

（一）导课（聚焦问题，激发学习兴趣，引发学生思考）

1.创设情境（体育老师的烦恼）

师：学校计划举办一次体育兴趣活动，体育老师想尽可能让大多数孩子都喜欢且前来参加活动，老师很犯愁，不知道该设置哪些体育项目？你有什么好的建议吗？

生：调查看孩子们都喜欢什么运动，然后再做出决策……

师：现场调查孩子们喜欢的运动项目……

师：我们经历了数据的收集——整理——分析——决策这样的过程，正是用了我们学习过的统计方法来解决我们身边的问题。

【评析】从体育老师的烦恼切入，吸引学生的注意力，引出统计的必要性和用统计解决问题的方法。情境与学生密切联系，有利于提高学生学习的兴趣。使学生明白学习任何一个统计图，都需要经历数据收集——数据整理——数据分析——做出决策的过程和思维流程。

（二）预习交流（检查预习）

检查环节，出示预习交流问题，通过对学、展示汇报、质疑补充，来检查学生的预习成果，掌握学生的起点在哪里，明确学生要到哪里。不要低估了由学生互动和自我修正所产生的效果。可以采用多种方式让学生反馈、汇报、展示自己对知识的了解情况，理解深度等。

1. 出示交流问题：如果要比较男女生人数占全班人数的多少，可以怎样比？（男生和女生分别占全班人数的几分之几？或者男生和女生分别占全班人数的百分之几？）

2. 尝试着用图表示出男女生人数占全班人数的关系吗？并说明你创图的含义。

3. 教学策略。

（1）对学、群学。

（2）展示汇报。

（3）补充、质疑（个人或者小组补充）。

（4）教师点拨、评价。

（三）导学（合作探究）

把学生置身在合作的情景中，寻求数学原型和探究本质，让学科核心素养能落到实处。此环节是学习核心环节，也是重点知识能力形成的环节，创设开放的、发散的、核心问题让学生自主、合作、探究的学习。这一过程是教学重、难点突破的教学环节，学生在自己的预学中对于隐含的思想、方法等可能难以自我独立挖掘，需要老师协助。所以老师应该清楚本环节中学生最需要老师帮助的是什么？大多数学生会出现的问题是什么？这一环节中老师要灵活应用多种教学辅助形式和手段，让学生感知知识的本质，注重知识高度的建构和数学思想方法的形成。

1. 突出计算百分比的必要性（数据收集）

出示六年（1）班最喜欢的运动项目统计表。

项目	乒乓球	足球	跳绳	踢毽	其他
人数	12	8	5	6	9

提问：你可以获得哪些信息？

生：每个项目的具体人数。

生：全班人数。

师：你还能提出什么数学问题吗？

生：喜欢乒乓球人数占全班人数的几分之几？

师：你会算吗？（生答）并相机板书出每个项目人数占全班人数的几分之几。

师：谁还可以提出数学问题？

生：喜欢每个项目的人数分别占全班人数的百分之几？

师：怎么算？指明一个孩子说一说计算的方法，其他同学完成每个项目人数占全班人数的百分比。

师：说一说每个百分比的意义。

师：如果要比较喜欢每个项目的人数占全班的多少？选择分数比较还是百分数来比较？

生预设：百分数，因为百分数容易比较，而分数要通分，不容易比。

【评析】让学生经历算的过程，在此基础上，让学生发现计算百分比进行比较的便利性。

项目	乒乓球	足球	跳绳	踢毽	其他	总人数
人数	12	8	5	6	9	40
百分数	30%	20%	12.5%	15%	22.5%	100%

师：百分数有这个优点，那你能不能用一个图，更加直观地反映出每个运动项目人数与全班人数的关系？

生预设：条形统计图或折线统计图。

师：师生汇报交流，它们都不能反映每一部分和总体的百分比关系。

【评析】让学生出现认知冲突，出现一个新的统计图成为必然的选择。

2. 自主创图

师："咱们能不能设计一个图，能直观地反映参加各种项目的人数和总人数之间的百分比关系？"

出示：自由创图活动

问题：设计一个图，能直观地反映出参加每个项目的人数占总人数的百分比关系？

要求：

（1）你创作怎样一个图，并解释你的图意。

（2）你创图的灵感来自哪里？

（3）在创图过程中，你遇到了什么困难？

师：生汇报交流，并阐述理由。

（学生独立创图，可能会用长方形、平行四边形、三角形、圆等已经学过的图形来表示总体，在交流中请学生说说是怎么考虑的？最后，在比较中得出用圆表示总体，而用扇形表示各个部分的形式最为恰当。）

【评析】让学生经历认知冲突，创图是必然的选择（数据分析）每个项目人数占全班人数的百分比无法在学过的统计图中表示，要想直观地反映出各部分和总体的关系，只能选择创造新的统计图。在追问中学生发现，要能一眼就看出"参加某个项目的人数占全班人数的百分之几"，在条形统计图中是做不到的，这样就需要引入一种新的统计图，能直接看出"参加某个项目的人数占全班人数的百分之几"，符合数学知识的形成规律。接着，特意安排让学生自主创图这个环节，并让学生说说自己的想法，就是让学生充分感受部分和总体的关系，在比较中得出，"扇形统计图"可以更清楚地反应部分和总体的关系。

3. 揭示扇形统计图的概念

（1）出示一个不完整的扇形统计图。

师：把相应的百分比填到适合的扇形里。

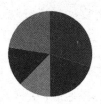

生：独立完成，并指明一个学生在白板上操作，说一说填的理由。

【评析】经历数据的分析、整理过程。

师：揭示课题，这就是我们今天要学习的内容，孩子真了不起，自己动手创造出了扇形统计图，把掌声送给自己。

（2）出示思考如下问题。

①图中整个圆表示什么？

②图中把圆分成了几个扇形？每个扇形分别表示什么？

③扇形的大小反映了什么？

生：独立思考，汇报并阐述理由。

【评析】为了培养学生的数学意识和探索精神，老师在教学的过程中给学生创设积极思考的时间与空间。通过引导学生观察扇形统计图中所蕴含的数学信息，初步感知扇形统计图有什么特点，在落实知识目标的同时，能力目标也得到提升。做到了不仅"知其然"，更"知其所以然"。

4.读懂扇形统计图，从而获取有必要的信息，并做出推断和预测

（1）读懂扇形统计图的有用信息。

师：谁能把刚才的扇形统计图中的信息介绍给大家？

综合观察：一是从统计图中可以看出具体项目有4个，还有喜欢其他项目的，二是可以容易看出喜欢每个项目的人数占全班人数的百分比。

对比观察：一是谁占的百分比最大，谁占的百分比最小，二是喜欢足球和乒乓球的占了一半，喜欢踢毽子和跳绳以及其他项目的占了一半。

通过对比观察，可以比较出同学们喜欢每种运动的人数占全班人数的百分比大小。

（2）获取信息并做出预测。

师：推测六年级学生最喜欢的运动项目情况；哪一年级学生最喜欢的运动项目也是乒乓球吗？

【评析】让学生根据本班最喜欢的运动项目统计图中的数据，推测六年级学生最喜欢的运动项目情况，以及银川市六年级学生喜欢也可能最喜欢乒乓球。而推测一年级学生喜欢的运动项目时，学生根据一年级学生的年龄特点和自己的生活经验推测一年级学生喜欢的可能是其他的运动项目。统计教学中，学生不仅要读懂简单的图，更重要的是通过分析统计图中信息的合理性，做出某些判断和决策，并从中得到某些启示。

（四）拓展延伸

拓展合作环节，培养学生的合作意识和能力，同时也是培养学生创新能力的环节，让学生发现问题、提出问题、分析问题、解决问题。当然，不同类型的内容在拓展提高时的重点也有所不同。

概念的教学，重点放在概念形成的理解上。

方法类内容，重点应着眼于对算法、算理和公式理解与运用。

培养能力类内容，重点应着眼于对数学能力的积累与巩固。

1. 我当解说员

知道父母生日统计图　　　　手机销售情况统计图　　　　银川九月天气统计图

■知道 ■不知道　　　　■三星 ■华为 ■苹果　　　　■阴天 ■雨天 ■晴天

师：自由选择一个进行解说，解说后，请提出建议和问题。

【评析】以直观的扇形统计图，加深学生对扇形统计图的认识，明确扇形统计图各组成部分及表达的意义，此环节设计充分调动学生的积极性，变"要我学"为"我要学"，不仅为学生搭建充分展示自我的平台，而且使学生在解说中巩固了对扇形统计图的理解和运用，并根据信息做出合理的预测和推断，同时对学生进行了思想品德教育。

2. 数学理解

小丽说："从下面两个统计图中可以看出，甲校女生人数比乙校女生人数多"。你认为呢？

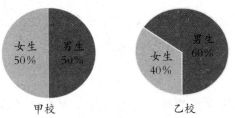

甲校　　　　　　乙校

【评析】出示甲乙两校统计图，引导学生对数据进行分析，体会不能单凭这些数据进行推测，还应考虑因为单位"1"的不同，导致数据的不同。这样使学生在亲身经历解决实际问题的过程中领悟数据对决策的作用。

3. 对比

出示：

六（1）班最喜欢的运动项目统计图

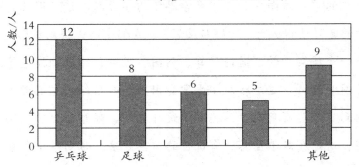

六（1）班同学最喜欢运动项目的情况统计

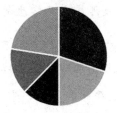

■乒乓球　■足球　■跳绳　■踢毽　■其他

师：谈谈你的看法。

【评析】这个环节中，在比较条形统计图和扇形统计图各自的特点之后，没有就此住手，而是再问学生他们之间有什么联系。一方面是让学生深入理解它们的关系，另一方面也是培养学生用辩证的眼光分析问题的能力。学生说出的大多是他们的区别，而很少想到联系。它们之间有什么联系？说明了什么？条形统计图和扇形统计图之间可以相互转化，但反映关系不同，条形统计图反映数量多少，扇形反映部分和总数之间的关系。说明同样的事物，为了不同的需求，可以用不同的统计图来表示。000

四、回顾与反思

在课堂中如何落实学生的核心素养，核心素养强调的不是知识与技能，而是获取知识的能力！教学要由单纯重视数学知识的学习转向更加重视数学思维的学习与渗透。因此，一定要引导学生对刚才的学习过程进行"回顾与反思"。首先要把学生置身在知识的构建中，让学生成为知识的发明者、创造者。核心素养强调的不是知识与技能，而是获取知识的能力！

需要注意的是，扇形统计图的特征得出后并非万事大吉了，教学要由单纯重视数学知识的学习转向更加重视数学思维的学习与渗透。因此，一定要引导学生对刚才的学习过程进行"回顾与反思"：我们是怎么得到扇形统计图？（给学生创设了一个现实背景，通过计算、创图、观察、比较、描述等活动深刻理解扇形统计图的意义；这是在教学生学会用数学的思维方式思考问题。）在这个过程中用到了哪些有用的方法呢？（统计思想、观察法、比较法、对比、数形结合思想，这是在教学生总结有价值的学习方法，帮助学生积累思考的经验和实践的经验）。

总之，先预习再教学课堂教师应立足学生的起点，让每个学生的智慧、能力和情感不断得到超越。让学生的预习成果和课堂教学内容有效融合，让课堂真正有生命活力。当然，后教对于教师而言是比较难的：在教学设计前要充分估计学生的已知、想知、能知、难知和怎知，尽可能准备把握学生的现实起点；在教学设计时要根据自己对学生现实起点的估计和教学终点的把握，尽可能找到一条从起点通向终点的更为有效的途径。说学课堂教学是对教育本源的一种回归，回归了学与教的本来关系，恢复了学生、教师、教材的本来地位，发挥了学生、教师、教材的本来作用。说学课堂教学开发了学生的潜能，促进了学生的发展，培养了学生的自主学习能力，同时加快了教师的快速成长和教育理念的更新，更好的服务学生的发展，践行和探索教育发展的方向。

说学数学复习

温故而知新，可以为师矣。复习是学习过程中的重要环节，它不仅使所学知识系统化，而且加强了对知识的理解、巩固与提高，也可弥补知识的缺陷，使学生综合能力进一步提升。说学数学从课前预习、课中探究、课后复习三个模块开展系统教学的。说学数学复习具体方法如下：

第一，基础复习，巩固方法。

每节课后完成基础练习和针对性练习。学会反思、归类、整理出对应的解题策略和方法。

第二，查漏补缺，建立错题。

对于作业中的错题要认真订错，题不在多而在于精，把错题当一面镜子进行自查和反思就是一种高效学习的方法。要求每位同学都要建立自己的错题集，并且利用好错题本。错题本使用方法如下：

定期翻阅，自查纠错。经常浏览，变"废"为"宝"。多回顾，复习整理和实践。翻阅"错题集"就是同学们每周必须做的功课。翻阅的过程，就是让曾经犯过的错误在大脑中再一次"否定"，从而避免再犯。考试前再次翻阅，就又一次加深印象。

同学互阅，借鉴防错。错题集就是一本写满经验教训的指导书，我们获得教训的方式，可以是直接经验，也可以是间接经验。课间，小对子互相交换阅读错题集，从别人的错误中吸取教训得到启发，同学们在互相的学习和点评中提高自己的能力。

分类训练，全面整理。出错的地方，就是学习的难点所在。发现规律，抓住重点，就能有针对性地复习补救。

第三，搜集典题，举一反三。

要求学生搜集典型题、易错题、重点题。与小对子交换交流，能举一反三，融会贯通。

第四，形成体系，融会贯通。

要求学生用思维导图梳理学习内容，把学习内容进行梳理，做成思维导图或知识卡片，会让学生的大脑、思维条理清醒，方便记忆、温习、掌握。而且提升了学生归纳总结的能力。同时，要学会把新知识和已学知识联系起来，不断糅合、完善学生的知识体系，达到融会贯通，使学生的思维更加活跃。

说学数学项目式学习

在当今教育改革的浪潮中，培养未来社会发展所需要的创新人才是教育改革的重中之重，孩子的学习与发展不能只限于课堂 40 分钟这个特定时间学习，培养一种自主合作学习研究的能力，对人的成长与发展都是具有重要意义的。随着互联网＋教育时代的到来，学生学习的时间空间和物理空间都发生了巨大的变化，学习逐渐由规定时间规定地点转为随时随地，充分利用好课下的时间是教学取得突破的关键。项目式学习法强调营造一个真实且切身的探索学习历程，鼓励学生通过自主、合作，交流、表达来解决生活中的实际问题。并将学习成果公开展示交流，讨论评价。以培养在人工智能时代所需要的关键核心能力，思辨能力，复杂问题的分析解决能力、合作能力、沟通能力与创新能力。

一、什么是"互联网＋说学数学"项目式学习法

"互联网＋说学数学"项目式学习是在"说学数学"教学改革的基础上，借助互联网在小学高段开展的一项教学研究活动，因此命名为"互联网＋说学数学"项目式学习法，此项实践研究活动是建立在"说学数学"多年研究的基础上，学生已经养成了课前借助说学稿预习思考、拓展反思的良好习惯，具备一定的自主学习和分析思考的能力。为了让学生的说学数学学习能力经历一个有梯度的发展历程，彻底改变学生在数学学习中懒散的思考状态，实现由被动变主动，由接受变为研究，从而培养学生的学科创新素养能力、实践能力和社会分工合作能力。笔者所在学校从小学高年级起在部分探究性强、内容较难的

单元设立项目式学习法，教师可以扶着学生做项目研究。一是兴趣，二是独立，三是合作，四是深度。将说学稿转化为项目式学习书，借助互联网将课堂基础环节前置，课堂只聚焦核心问题讨论、展示、质疑、评价。总的来说，"互联网＋说学数学"项目式学习法就是师生为完成一个具体的学习任务而展开的教学活动，强调怎么干，怎样干得好，收获了什么？通过在数学广角模块的实践教学中，项目式学习法的研究取得了较好的效果。

二、"互联网＋说学数学"项目式学习法的具体操作方法

"互联网＋说学数学"项目式学习是将一个数学教学内容设计成现实问题情景，以项目书的形式引导学生经历独立、合作、自我评价等过程达到对内容的深度学习。可分为三个阶段。

1.阶段一——独立设计彰显个性，寻求合作讨论辨析

（1）领取项目研究书，针对问题，独立设计解决方案并进行自我评价，讲述过程并借助互联网，推送问题至合作团队。

（2）合作团队成员互相阅读评价，针对各成员推送的问题和设计进行讨论解决，再推送研究中存在的问题至老师。

比如在教学植树问题时，由于植树问题主要解决间隔数与棵树之间的关系，此问题贴近生活，研究起来内容多，需要渗透的数学思想和方法多，在40分钟有限的时间达不到想要的效果，传统的教学中会将植树问题的是三种情况分成两节课来上，这样知识的形成缺乏系统性，在思想方法的渗透上必然得有所取舍才行，这样的教学缺乏深度，不能自成体系，采用项目式学习法可以将植树问题这样一个现实中处处存在的问题以情景的形式抛出去，至于怎么解决请学生独立设计方案，独立解决问题，并对自己的设计方案进行自我评价，经历这样的过程，学生在设计问题时多将自己带入情景，调动大脑原动力和内驱力，促使学习个体采取一定的方式进行规划，由此产生出画图，摆一摆等方式表达植树的过程，在自我方案的评价中站在第三方的角度进行客观的分析。在全体学生经历独立思考研究的基础上，借助互联网，开展学习小组的研究讨论，以

视频形式分享自己的研究想法至小组群，研究小组成员相互交换意见，互相讨论和评价，在表达中一方面内化完善思想，另一方面交流产生冲突，发现问题。同时让合作学习真正发挥创造出其应有的价值。一个小组中，不同的同学设计方案不同，如，同一种情况间隔长度不同，不同的情况间隔长度相同，在出现多种不同的结果时，孩子们自然会调动思维进行甄别，在辨析与讨论中对植树问题的几种情况进行梳理。

2. 阶段二——找寻共性问题再讨论，课中展示、交流、思辨促进深入理解

（1）针对核心问题组织探究、讨论。

（2）当堂检测，对项目式研究结果进行自我评价。

教师根据小组推送的问题进行梳理整合，根据问题设计课堂探究内容，上课前以项目书的形式发送至各小组，组织各小组针对问题进行再次研究。对于小学阶段的学生而言，思维的发展还处于不断地完善与提升阶段，课前的独立思考和小组合作还不足以将问题充分深入地理解，所以课中的合作探究和展示交流是思维和能力提升的关键场所，在学生的讨论和交流中教师的点拨和总结起很重要的引领作用。

比如：在植树问题这节课的教学中，模型思想和一一对应思想是重要的数学思想方法。让学生充分经历建模过程并能够用一一对应的数学思想对模型进行合理的解释是课堂教学的重点。怎样让学生充分经历建模过程，让学生从中自主发现此类问题的共性，才能在学生的脑海中建立模型并运用和解释模型。课前虽然不同的同学设计的结果不同，对于部分孩子而言对此类问题的模型有了初步的认知。但不够深入系统。课中，抓住植树问题三种情况中的一种（两端都栽）设计再探究，如：在 20 米长的路上栽树，两端都要栽，间隔长度相同，有多少种不同栽法？请将间隔长度、棵树、间隔数等填入表内。学生在合作探究中发现当两端都栽时：棵树 = 间隔数 +1，对于这样的结果的得出学生经历了不完全归纳推理的过程。当两端都不栽或者一端栽一端不栽时，棵树和间隔数之间又有怎样的关系呢？请学生试图解释这几种情况，学生自然想到的就是画图，用一一对应的方法对各种情况做出合理的解释。教师针对课中小组的研究

结果进行梳理点评，深化所学内容。接着设计植树问题的相关练习进行当堂训练，交流，完成讲解后让学生结合练习情况对自己参与项目式学习效果进行自我评价。

3. 阶段三——总结反馈，内化提升

此阶段有两个重要内容，评价反馈（自评和组员互评）和练习，数学广角的一个学习内容作为一个研究项目，学生经历了前两个阶段的探索历程，对问题的认识和理解的深度经历了有梯度的发展，作为每一位学习者，及时总结学习中的问题和方法对后期的研究很有启发意义。所以，要求每一位学生写好此次项目学习的反思并在组长的组织下组内交流，一方面深化所学内容，另一方面养成勤于反思的良好学习习惯。课后的练习要求学生搜集植树问题的类型问题并进行独立解决、组内交流。

三、对"互联网＋说学数学"项目式学习法的研究所带来的现实意义

1. 极大地调动了学生学习的积极性，激发了孩子的动手能力和创造力，以此发展个性，让不同层次的学生学有所获

以前将新内容聚集到一节课的 40 分钟内，由于学生的学习能力和思考能力各不相同，就导致部分思维和反应较慢的同学跟不上节奏，甚至内心时刻紧张局促，身心得不到放松就无法深入思考。项目式学习法给了孩子足够的自我思考的时间和空间，在自主思考的前提下可以激发他们的动手能力和创造力，他们可以自由地展现自我，发展个性，在学习中感受到成功带来的喜悦，让不同层次的学生在不同的方面学有所获。

2. 每一位学习个体经历对知识的探索历程，在合作、交流、思辨中帮助学生形成解决复杂问题的能力和经验，从中培养了学生的多种能力

项目式学习法将一个复杂的学习任务以项目书的形式设计成一次实践活动、按照项目书的指引，学习者要经历独立思考、查阅资料、寻求帮助、小组合作、展示交流，思辨讨论，评价反思等一系列的活动过程，从中帮助学生形成解决复杂问题的经验和能力。整个过程培养了学生的自学能力、观察能力、动手能力、

研究和分析能力、协作和互助能力、交流和表达能力，创新合作能力，而这些能力正是未来社会发展中人才所必须具备的重要能力。

3. 项目式学习法有利于学生对所学内容达到深度理解

项目式学习法将一个学习内容看成一次学习事件，在研究项目的过程中，每一个学习者相当于经历了事件的产生、发展、经过和结果，经历这样的过程，挖掘到的是知识的本质，对知识的理解就会更加深刻。

综上，"互联网＋说学数学"项目式学习法在互联网＋教育快速发展的今天，其互联网便于沟通的优势与项目式学习法的相结合，扩充了学生学习的时间、空间、资源等，对小学高段学生而言是一种很有效的教学策略，然而，实施项目式教学，学生自主性强，自由度大，教师的备课量增加，动态管理实务增多，学习质量评价出现多元综合复杂情况，这就要求教学管理必须适应这些变化。

说学数学考试改革

2020 年中共中央、国务院印发了《深化新时代教育评价改革总体方案》，教育评价事关教育发展方向，有什么样的评价指挥棒，就有什么样的办学导向。为深入贯彻落实习近平总书记关于教育的重要论述和全国教育大会精神，完善立德树人体制机制，扭转不科学的教育评价导向，坚决克服唯分数、唯升学提高教育治理能力和水平，加快推进教育现代化、建设教育强国、办好人民满意的教育。《方案》中指出树立科学成才观念。坚持以德为先、能力为重、全面发展，坚持面向人人、因材施教、知行合一，坚决改变用分数给学生贴标签的做法，创新德智体美劳过程性评价办法，完善综合素质评价体系，切实引导学生坚定理想信念、厚植爱国主义情怀、加强品德修养、增长知识见识、培养奋斗精神、增强综合素质。《方案》中还指出深化考试招生制度改革。稳步推进中高考改革，构建引导学生德智体美劳全面发展的考试内容体系，改变相对固化的试题形式，增强试题开放性，减少死记硬背和"机械刷题"现象。加快完善初、高中学生综合素质档案建设和使用办法，逐步转变简单以考试成绩为唯一标准的招生模式。

说学课堂教学模式属宁夏本土原创，金凤区第三小学在王晓川校长的带领下，经过十几年的尝试与探索，结合中国学生发展核心素养和立德树人的理念以及学科的特点，形成语数外检测新的评价体系。通过说学课程和说学课堂以及说学评价来培养学生的全面发展，进一步开发学生潜能——自学潜能、合作潜能、探究潜能、表达潜能、思辨潜能、记忆潜能、创新潜能等。结合课程标准和学说课堂理念下学生应具备的素养，过去唯考卷至上的单一评价模式，已经无法对学生的核心素养进行全面的评价，创新适合这种模式下的评价体系已经刻不容缓。新的评价体系努力做到"两个融合"：一是核心素养与课程标准相融合，二是立德树人与学业水平相融合。将核心素养提出的品格和能力要求设定具体内容，将育人目标纳入学业评价目标中，细化规范每个学年的评价指标。形成过程性评价和结果性评价、定性评价和定量评价相结合的方式来评价每一个学生。

过程性评价，主要借助互联网＋说学教育系统动态评价为主，从学生独立学习时间、发言交流时间、合作学习时间、问题理解、主动关联、巩固练习的维度上进行过程性评价，形成数据图，反馈跟踪学生的学习路径和变化。

结果性评价，我校在数学学科确立了1+2的评价方式，这里的"1"是指每一学期期末卷面测评，占学生学期测评的70%，而这里的"2"是指结合数学学科特点进行的计算能力和综合能力的单项检测各占10%。学校规定每学期进行计算、动手能力单项检测和综合能力（知识的理解能力、数学认知结构、数学思想方法、创新能力、数学阅读能力等）单项检测相结合的检测。通过竞赛形式的横向比较，让学生对自己的运算能力、动手能力形成相对客观的认识，对数学综合能力进行一个自我评估，同时对优秀学生进行奖励，激发学生的上进心和积极性。最终一学期每个学生的综合评价形成1+3的评价数据，即一份试卷＋计算动手能力、综合能力、互联网＋说学教育系统动态数据。对单项评价进行表彰奖励，注重榜样示范的力量。让每一个孩子学习的成果都得到了展示。我们的孩子不再成为应试型选手，而是成为多方面发展的综合素质高的全能选手。王晓川校长常说："教育的责任不是考100分，而是要把成果体现在孩子的一生当中。"相信在这样的评价体系中，孩子的各方面的能力都能得以发展。

总之，学生评价是一个多元化、多维度的一项工程，我们一直在不断地实践和总结中前进……

第七章

说学英语

说学英语

　　"说学英语"为宁夏银川市金凤三小教育集团提出的"说学教育"下的学科分支。"说学教育"是一种教育主张，提倡以"说"为主要学习形式的教育。在小学英语教学中，说是听、说、读、写、看五大基本技能中最直接、最重要的交流方式，既能促进听读能力，也能提高写作能力，故"说学英语"的提出确是应势而为，为解决如何培养学生"两能""两品"四项核心素养发挥着作用。笔者深耕"说学英语"七年有余，就理论与实践两方面的研究进行浅析。

一、"说学英语"概念

　　"E-English，说学英语"教学主张是指在教学过程中，教师采用合适的文本材料，引导学生通过"说"的方式进行语言学习，即遵循"输入—内化—输出—习得"的顺序进行语言的内化和迁移。集预习说、合作说和拓展说的方式帮助学生不断地感知语言、内化语言和完善语言。"说学"就是以"说"促"学"，以"学"促"说"，鼓励学生用语言解决问题，以语言习得语言。"说学"越浓厚，学生的自信心和思维能力越强，对于语言的调整力越敏感，从而使语言能力逐步得到提升。

　　"说学英语"中的"说"的范围很广泛，即express（表达），有读、背、诵、唱、演、译、辩、问、写、画、创等多元交流方式，摆脱了传统课堂中的机械跟读、集体问答等无效语言互动方式。"学"则是study，指探究式的深度学习，亦指合作学习和学以致用。由此可见，"说"与"学"有逻辑上的相辅相成关系，亦有基于语言材料的输入输出闭环结构。"说学英语"以构建轻松和谐的学生主体课堂、纯语言的"沉浸式"课堂和基于真实问题语境的"对话"课堂带领学生学习真实的语言。

语言是一种载体。语言学习的终极目标就是利用这一载体进行信息交流。笔者认为这和"说学英语"倡导的理念不谋而合，教师应充分利用教学材料中的语言为载体，与学生进行有效的语言交流，最终达成语言工具性与人文性的统一。

在长期的课堂实践中，"说学英语"最终确立其目标落脚点，即"文化元素"。文化元素，包含英语语音、语调、特殊词汇，也包含英语国家的思维方式、语言习惯、肢体语言，还包含英语文章、著作的阅读理解等。"说学＋文化元素"就是既要"说学特征"，又要"纯英语元素"。

E—English 名称的确有两层意义。E 为 express，引申为侧重语言表达的英语教育。E 又为互联网标志，引申了与互联网相结合，进行线上线下资源整合的新趋势，为英语教育走向深度、广度、高度指明了方向，铺设了道路。

二、"说学英语"特征

一是先学后教。课前预习说是"说学英语"十分重要的一个环节。学生在"说学稿"提供的图片环游策略和语言脚手架的指导下，激活大脑语言材料库，进行课前预习说，从而做好准备进行课堂学习。此做法可以收获两个成果。成果一为"建立习惯"，当语言表达成为一种习惯，学生的语言能力和学习能力都将不断增强。成果二是"发现问题"。在英语语篇的学习中，语篇情境或图示可由"说学稿"的方式先行介入，让学生提前感知、预测和描述，从而带着任务进入课堂。

二是课风简洁。"说学课堂"摒弃无效环节，直奔语言主题。在"导入（Leading in）、预习检查（Checking）、释疑指导（Instruction）、语言练习（Practicing）和拓展（Extension）"五个环节下，采用"对（自）学、汇报、质疑、指导"四个规定动作，很多活动都由学生自己去做，使教师有更多时间去思考学习的本质和观察课堂走势。

三是起点更高。"说学英语"合理分配了预习和课堂教学任务，课堂从检查学生自主学习情况入手。从而在学习规律上突破了两点：其一，学生能学会的知识，教师不再过多讲解；其二，课前能解决的问题，课堂上不再过多阐述。教学从聚焦语言点或问题开始，其针对性更强，教学效率更高。听说和模仿不再是课堂的主基调，而引导学生用语言做事、用语言习得语言等深度学习成为主旋律。课堂终点得到了无限延伸，课堂内涵有了深度和广度。

四是强调说学。"说学英语"的特征就是"说学"。课堂上除了让学生"听说""模仿说""课文背诵复述说"之外，教师还应鼓励学生用简单的英语质疑、纠错、提问，用学到的语言完成任务，达到巩固语言的目的。由于儿童外语表达能力有限，故"说学英语"应坚持使用教材语言和合适的课堂用语为载体，采用多种方式、循序渐进地培养学生的表达能力。此外"说学英语"开发一系列辅助课程如"英语文化周""远程外教课"和"说学悦读"等课程，从各个角度培养不同层次学生的口语表达能力！

三、"说学英语"提出背景

英语教学现状：随着新课改的不断深入、学科核心素养的提出，学生的综合素质越来越受到广泛的关注。在小学英语学习中，语言能力是基础。尽管师资水平日益发展、教学资源日益丰富，语言交际能力依然没有被得以重视，反而被零碎的知识点所取代，所以在教出不少英语精英人才的同时，也"抛弃"了很多"张不开嘴"的学生，培养出许多"不能与人对话交流"的"考试机器"。英语是语言，其特征是"说"，"说学英语"正是紧扣这一特征，教所有的学生开口说英语，让他们在说中学、学中说，使说成为学生的一种能力。

基于理论指导：新课程标准从外围提出，小学阶段的英语教育要培养学生一定的语感和良好的语音语调基础，使他们能初步用英语进行简单的日常交流，为其进一步学习打下基础；核心素养则从内核提出，英语教育应全面发展学生的语言能力、思维品质、文化品格和学习能力。那么，应如何搭建英语课从外围到内核的桥梁呢？说学英语通过培养学生"在说中学"和"在学中说"的能力，全面落实课程标准与核心素养。

基于儿童观照："说学"营造的不仅仅是学习方式，更是一种以"学生为主体"的对话式课堂。教师整合教学材料语言，和学生进行互动，引导他们实现模仿—复述—创编的过程，甚至鼓励他们运用所学语言和实际生活建立联系，输出自己的观点等。在这种课堂氛围中，语言在反复的操练中巩固和生成、问题在语言的输出中产生和解决，这样的课堂使得学生的表达欲和思维品质大大增强。

四、"说学英语"文化体系建构

"说学英语"最终走向课程建设。课堂附丽于课程，从课程中走出来的课堂才是底蕴厚重的。因为聚焦"表达"，所以提倡多种方式和角度的"表达"。"说学课堂"提倡开放的"说"和回归本质的"学"。"说学文化周"则侧重于轻松地"玩中学"，进一步采用"唱、演、创、编、播报、诵"等方式提升学生的表达欲和自信心。"说学远程外教课"通过母语国家专业教师的引导，进一步纠正和培养学生的语音语调和表达习惯，提升学生对外交流的能力。"说学悦读"引导学生涉猎广泛的文本语篇积累词汇量和表达材料。"说学口语检测"采用1+n的方式对学生的口语能力进行检测和反馈，使评价不再流于应试，而是侧重学生语言交际能力的评估和诊断。以上五个板块最终使"说学英语"的教育思想得到有效落实。

"说学英语"成就卓越教研。优秀教师在教学中的三种素养在"说学英语"中被激发。一是解析教材的能力。二是阅读学生的能力。三是阅读教学过程的能力。优秀教师绝对不是一个既定教案的执行者，他们的教学一定会根据学情适时调整。随时随地捕捉到课堂生成，捕捉到学习漏洞和学生在学习中遇到的困难。当这些突发问题得到解决时，一节"有温度的课"就生成了。在"说学英语"中，各层级的教师在"教"与"研"中都会得到提升和发展，学会建构自己的课程观。

"说学英语"是从学习策略这个角度提出的一个教育主张，经过几年的实践表明，它能将教与学、学科本质与核心素养、教师价值与学生主体有效地融合在一起，从哲学的高度，解决教学问题，避免忽左忽右、忽轻忽重等现象，让课堂教学改革行走在康庄大道上。

说学英语预习

古人云："凡事预则立，不预则废"。《现代汉语词典》对预习的解释为："学生预先自学将要听讲的功课。"工人建房要备料，农民耕作要备耕，军队打仗要备战，学习亦如此，因为学习是建构的过程。教师讲课要备课，学生上课更要备学，这都是预习。而实际上，预习应该包含紧密联系的两个方面，即预先学习和预备学习。预先学习以预备学习为目标，预备学习以预先学习为基础。事实证明如果学生课前有准备，对重难点有了疑问和探索的冲动，那么听起课来更加主动。预习还有助于培养学生良好的学习习惯，好的习惯不仅能提高学习效率，使自己在学习过程中实现行为控制，保持智力活动的恒常性，而且会使人受益终生。

在小学阶段，预习工作被广泛倡导，但容易忽略英语学科。其一：英语作为第二语言对于英语初级学习者来讲，没有语言辅以支撑，很难做到自主学习。其二：英语的新知识点即为难点和重点，大部分学习者在预习阶段就会面临受挫的学习体验。所以有老师用大量事实证明英语初学者不适合预习。金凤三小团队从2017年开始深耕小学英语的预习，到2020年第三次更改预习导学案，积累了一些可以去实践和操作的案例。

在研究的过程中，跳过两个思维死角，就可以形成属于英语学科属性的预习方案。通过观察我校语文和数学学科的预习方法，得出的结论是它们都不适合小学英语学科。如：数学学科预习以操作和思考为主，引导学生主动发现问题，带着问题进入课堂。语文学科则是自主学习词组、词句或者阅读片段。这两种方式不太适合语言库匮乏的英语初学者，反而造成严重的两极分化现象。所以预先学习一部分内容和寻找问题都不能算是合适的预习方法。英语初学者可以以预备学习为基础，尝试预先学习！

英语学科预习以"预听预读"为主，随着学生语言体系构建的程度融入"图片环游"培养简单的表述能力、"略读 + 部分内容精读"培养整体语篇意识、获取关键信息两大基本能力。举例如下：低年级阶段学生可以在预习过程中预听和预读，此阶段教师切不可强制要求必须读会，而是鼓励其习惯的养成。有了自主听读的习惯，学生在课堂上接受再次输入，效果明显增强。

中年级学生在预听预读的基础上被引导观察文本图片，进行简单的描述行为，由简单的词过渡到句段，以练习输出为主。此阶段教师切不可对语法和语言精确性做更高要求，而是鼓励其输出行为。高年级学生已经储备大量语言，在前两个基础之上进行文本的"略读 + 部分内容精读"，抓取关键信息，聚焦重难点，形成一些初步的思考行为。并带着问题深入到课堂当中。

小学英语预习方案的设计要遵循以下原则：第一，以儿童语言发展规律为原则，切不可设计突破难点与重点的任务环节，否则课堂顺序本末倒置，造成学习者厌学情绪。第二，以《新课程标准》分级要求为标杆，立足于学科属性。如英语二级学习目标要求全面培养"听说读写看"四项能力，预习则可以设计合适的活动以"听读看说"为顺序全面培养学生能力。第三，以教材和课型为参考。课型不同，则预习培养的习惯和能力也不同。对话课的预习可以融入"图片环游 + 语言支架"、词汇课的预习以"预听试读"为主、阅读课的预习以"略读抓取整体意义"为依托等。由此可见，英语学科的预习不但可以进行，而且运用得当的话会发展学生语言能力。更会使得学生在英语课堂上更好的 intake 和 input。

在小学阶段的英语学习中，预习和评价一样，都可以发挥指挥棒的作用。区别就是老师们在设计预习的时候，需要用学科特点属性作为依据，不断规范自己的设计行为。预习如果只是立足于泛泛而谈的听读，而未精确定位需要达到的目标，预习就是无效的。所以导学案的设计非常必要。

全国很多学校的课改均有导学案的设计，然而英语学科案例并不多。笔者在网上翻看了一些相对成熟案例，多数都是本末倒置的，无非是将课堂内容全部前置或者前置一部分。这种做法不是不可以，但是如果以这样的方式硬性作为模板，必定不合适。轻则会引起学习者的不适和抵触，重则摧毁整个课堂的生成与输出，最终导致学生学习效果不佳，课堂两极分化严重！

我们都有学习第二语言的经验，如果老师在前一天留了一大篇很难的文本，那么第二日走入课堂的脚步都是沉重的！我会经常用自己学习日语的经验验证猜测。十二年前在老大楼跟着一个老师学习日语，也有预习任务。考虑到学员都是成人，老师要求必须提前读会文本。我的记忆里每天去上课的脚步是沉重的，因为日语虽然简单，我有英语底子，但是预习过程中不好的体验影响了我上课的热情。成人学习第三语言的困难可能比初学者学习第二语言的困难小一点，但经验引起的不良情绪是共同的。我的日语终究没学成，好在不影响什么。可是初学者学习英语是一辈子的事情，如果不好的学习体验在前六年就生成了，那么影响一生啊。如果每一位设计预习的老师都能够把"预习决定课堂，六年决定一生"作为一条红线，把每一次预习导学案的设计都能精细到"大锅里面烹小鲜"，才能唤醒更好的课堂教学。

金凤三小的导学案名为"说学稿"，顾名思义以"说"为自主学习方式的课前学习单。说学稿重在提供"说"的内容、唤醒"说"的语言、提供"说"的支架以及指导"如何说"。"说学稿"具备以下几个特点：第一，以"听读"和"说"为主，适度"写"。教师可辅助提供音频资源或者录制微课，供学生反复模仿。第二，富有指导性。先"听"后"读"，读的内容也以粗体或者斜体等形式标志出重点部分。如单词中的字母组合或文本中的重难点词汇，引导学生在听的时候学会注意和感知一些语音重点，培养他们对语音语调的敏感度。第三，尊重语言规律。预习内容须小心谨慎地摘出预学内容、设置一部分关联性的旧知识、"外挂式"匹配同话题资源，以确保全体学习者都能达到预学目标。这个部分建议老师们参考维果斯基"最近发展区"理论，预习和新授的设计要确保让学生处于逐步发展的"最佳中心区"。第四，尊重儿童身心发展规律。一年级的初学者是带着幼儿园认知体系升入小学阶段的，教师的授课和设计需要俯下身段，向幼儿的学习方式靠拢，尽量用视觉听力感官动作等多元智能方式辅助学习，尽量设计动手操作综合实践观察模仿等创造类活动。中高年级学习者则由语言的"模仿听读"过渡到"自主思考"，逐步贴近二语习得。

教师在考虑"说学稿"的设计时往往会走入误区：先设计预习的部分，再考虑新授的部分。沿着这个路径思考的话，一节课就会被拆分成两个部分，看似是完整的讲授，实则严重缺失了逻辑。什么是逻辑？在小学英语课堂中，语言知识的复现、连贯、递进、迁移可称为逻辑关系。预习和新授的关系就是复现、连贯、递进、迁移。所以设计一节说学课的顺序，还是先从学情、目标、重难点的突破开始统筹，再思考预习需要为学生学习服务达到的目标效果。

下面我们以案例进行分析说明：

【案例一】

绘本 Magic Tails 说学稿

class 班级：＿＿＿＿＿＿＿＿＿　　　　　　name 姓名：＿＿＿＿＿＿＿＿＿

1. Match! 请将单词与动物连线，并帮小动物找尾巴！

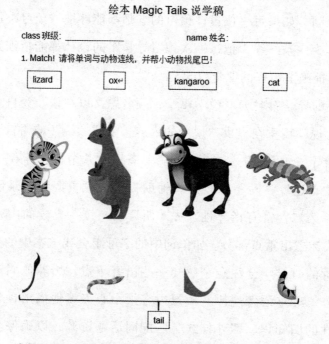

2. Please try to read the words. 请读一读方框中的单词，不会读的可以查一查。

3. Do you know other animals with tails?
   How do they use the tails?
   （请画出或写出两个以上有尾巴的动物，并了解它们尾巴的作用。）

116

【解读】这是金凤三小胥沅秀老师的一节针对四五年级学生开展的绘本故事课。这节课"说学稿"的设计很好地把握了预习和新授之间的逻辑关系。教师巧妙地提取了文本里重点的词汇 lizard，ox，kangaroo，cat，tail 及相关图片，指导学生进行跟读和连线，以此初步感知核心词汇，为学习新授故事做好铺垫。第三项任务则是为课堂中知识的跨学科迁移做铺垫。所有的任务形式不会在课堂里复现，但是语言知识会以多种方式复现和延展。整篇"说学稿"图文并茂，符合文本体裁，也更加符合童心童趣。

【案例二】

人教版 2011（三起）六年级上册 Unit 4

Part C　Read and write　说学稿

1. Watch and read, pay attention to link and tone. (观看微视频，大声朗读四则 notice（公告），注意连读、升调和降调。

2. Think and write.

（1）Who write the notices（公告）? _____

(2) What do they want to do?

　　A. Find a pen pal　　B. Make friends　　C. Share hobbies

3. Can you find out the same parts ?

　　(这四篇 notice 的写作格式有什么共同部分？)

【解读】这是金凤三小丁瑞芳老师的一节针对六年级学生开展的阅读写作课。这节课"说学稿"的设计着重培养学生"略读策略"。教师虽然提前出示了整篇文本，但并未将重难点呈现，而是引导学生反复略读，抓取整体语篇意义。最后一个任务则是提出问题，引导学生观察和感知。该问题恰是新手环节的开始，师生由解决问题为起点共同探讨海报写作要素。以问题牵引重难点也符合了预习与新授的逻辑关系，但是这种尝试一定是在针对文本特点的基础上整体设计。

关于预习在课堂中起到的作用，以及预习和新授之间的逻辑关系，我们提供一套整体的课堂实录，供读者参考。该课来自于金凤三小丁瑞芳老师的读写课，该课堂实录于2017年1月刊登在《未来教育家》杂志，是一节成功的说学课堂案例。

【案例三】

人教版小学英语六年级上册Unit4 Part C

Read and write 课堂实录

宁夏银川市 金凤三小　丁瑞芳

一、教材分析

本课主要话题是通知公告。通过有效引导，使学生能了解公告包含的几个要素，并能摘抄出相关重点句型，并仿照范例个性化地编写自己的交友公告或社团广告。

二、教学设计

1. 指导学生合作交流预习成果，检测朗读和相关任务完成情况，为进入课堂做好准备。

2. 层层渐进式引导，使学生了解公告书写结构格式，为进一步分析文本打下基础。

3. 帮助学生搭建语言，为进一步撰写公告打下基础。

4. 引导学生自由撰写公告，培养学生语言综合应用能力和敢于创新的思维。

Step1 Greeting

and checking （导入检测）

Activity1 Guessing game

T：Good morning,everyone.

Ss：Good morning,Ivy.

T：Well,do you want to know about me?

Ss：Of course.

T：OK,you can guess my personal information according to the number and word.

S1：3···your child is 3 years old.

T：Oh,thanks for your answer.In fact,my daughter is nearly 3 years old.

S2：There are 3 people in your family.

T：Yes,you are right.

S3：1...you are a good English teacher.

T：Thank you!But not correct,1 means first.This is my first time to come to Zhuhai.

S4：201 is your classroom's name?

T：Very good guessing.But not correct.I have 201 students,I love them so much.

S5：English···You can speak good English.

T：Thanks a lot.You are right.My hobby is English.I usually join English corner.How can I know it？

Because of the notice in Wei-chat.Is it fun？

Ss：Yes!

T：Do you want to join it？

Ss：Yes,we do.

T：OK,I will create an English corner in Ronghong School.So I should write a...

Ss：Notice!

T：And I should put it on the ···

Ss：Notice board!

T：Pretty good.Today let's learn about notice together.（分别在黑板上贴单词磁条 notice，board）

【课堂说明：课堂气氛活跃，学生对老师抛出的数字和单词非常感兴趣，无论学生的表达是否正确，都在实现着老师的目标：口语操练】

Activity2 Checking

T：Well,you have learned the four notices yet,right?Now work in your group,read and discuss.

If you have problems,raise your hands,I will help you.Is that clear?

Ss：Clear!

T：Take your time,go!

（2分钟后）

T：Now it's our show time,which group will have a try?

Group1：We try.

T：Please.

（学生朗读完毕）

T：Very good reading.Big hands for them.（师生鼓掌鼓励）

Everyone,pay attention to these words,follow me.（学生跟读单词完毕）

T：Other group?Show your reading please.

Group2:We try.

T：Go ahead.

（学生跟读完毕）

T: Thank you very much.I do like your pronunciation.Big hands for you.（师生掌声鼓励）

T：Well,if you want to read the passages very well.Pay attention to the stress.Look at me,weak tone（教师出示一个拳头）,strong tone（教师同时出示两个拳头以手势引导学生理解重读和弱读的区别）

T：All right,listen to me carefully.We can share.（老师边读边用手势强调重读和弱读）

Would you like to have a try ?

Ss：Yes!

T：Begin!

Ss：Let's read together.

Science club,your club.

Shall we dance?（学生边读，老师边做手势引导学生）

T：Great! Let's read the four notices together,ready go!

（学生朗读完毕）

【课堂说明：检测朗读，根据每一组学生的朗读情况，老师先讲解重难点单词的发音，再示范重读和弱读的句型，最后带着学生通读全篇，帮助学生扫清语言障碍，为文本学习打下基础】

T：Good job.Next,I will check your exercises,have a try!

Pair1 SA:Who write the notice?

SB：Amy,John,Mike and Robin.

T：Excellent! They are Amy,John,Mike and Robin.

（教师在白板上划出答案，引导学生根据联系方式找出公告作者）

T：The second one?You try.

Pair2 SA:What do they want to do?

SB：They want to make friends.

T：Very good answer! Do you have any other opinions?

SC：I think... They want to share hobbies.

T：Good job.They write notices for making friends and sharing hobbies.

（教师在白板上划出正确答案）

T： OK,next one?Which pair?

Pair3 SA:What are their hobbies?

SB：Amy likes dancing.

John likes playing football.

Mike likes reading books.

Robin likes making robots.

T：Wonderful! We also can say Robin likes science,right?

S：Yes!

【课堂说明：通过检测预习任务完成情况，指导学生学会泛读和掌握获取关键信息的方法，最后带着问题进入新授学习中】

Step2 Presentation & Practice（释疑指导环节）

Activity1 Let's read

T：Well,last question is"Can you find out the same parts"?

S1：They both have E-mail and telephone number.

（此处学生表达语法略有问题，但老师并不刻意纠正）

T：I agree with you.They all have E-mail and telephone number.We call them contact.

（老师微微强调了 all，暗示学生此处用 all 是正确的语法）

S2：They have… 标题。

T：Great! They all have title.

T：So a notice should have contact.（黑板上最下方贴出 contact）And the contact may be

Phone number…（教师边说变出示词卡，试图引导学生多说）

S：E-mail,QQ…

T：Yes,QQ number. And…?

S：…（学生看到微信图片突然沉默）

T：Wei-chat.You can read after me.Wei-chat.

S：Wei-chat.

T：And…（贴出二维码词条）QR code.

S：QR code.

T：Are you clear?And a notice should have a title.Let's read together,title

S：Title （贴出 title 词条）

T：Read the four titles,OK?

（学生边朗读，教师边将词条：Let's...　...club　Shall we...? ...!!! 贴在 title 后面，为下一步学生取题做好铺垫）

【课堂说明：课堂气氛活跃，学生在老师的引导下不但了解了公告最基本的要素：联系方式和标题，还进一步了解了联系方式的多种类型和题目的多种风格】

Activity2 Let's think

T：Well,let's watch this notice.（白板出示第二篇公告 Goal!Goal!Goal! ）What's the contact?

S1：The contact is E-mail.

T：Pretty good.Can you read it?

S1：John@pep.com.cn

T：What's the title?

S2：The title is Goal!Goal!Goal!

T：Great!What does it mean?（手指标题）Let's watch a moment.（播放进球瞬间短片）

Ss：The ball is flying in the net!

T：Yes,the ball is kicked into the goal.The moment is so exciting.Let's feel this moment,and read it like this　Goal!Goal!Goal!

Ss：Goal!Goal!Goal!

T：Wow,so exciting.Now,raise your hands,we are football fans:Goal! Goal! Goal!

Ss：Goal!Goal!Goal!

（教师通过演绎法，引导学生通过朗读题目，感知题目具有的吸引力）

123

T：Great! Would you like to give it other titles?

S1：Shall we play football?

T：Wow,cool!I like this title,it's very attractive!（将 attractive 词条贴到 title 一栏里）

S2：Let's play football!

T：Good title!I do like this one.

S3：Football club.

T：Excellent!It's very simple!（将 simple 词条贴到 title 一栏里）

You are so smart!So, we know a good title for a notice should be simple and attractive.

（教师通过让学生自由取题，引导学生感知公告题目须简明和具有吸引性）

【课堂说明：老师运用深厚的语言功底层层引导学生进一步了解标题的风格和特点，在细节中培养学生的语言思维能力。学生学习语言的兴趣高涨】

Activity3 Let's summarize

T：OK,let's read it on.Pair work,read this part and think about three questions:What is this notice about?When do they play football?Where do they play football? Read and discuss.

S1：The notice is about play football.

T：Right,this is what.（大屏幕 football 上方出示 what）

S2：They play football on Sundays.

T：Good,this is when.（大屏幕 Sundays 上方出示 when）

S3：They play football on the playground.

T：Well done,this is when.（大屏幕 playground 上方出示 where）

This part is...（圈出公告内容）

Ss：内容！

T：Yes!Content!

Ss：Content!

T：Look here,what belongs to content.

Ss：When belongs to content,where belongs to content.（教师利用白板拖拉拽功能，边引导学生说，边将 what where when 拖入 content 所在形状里，引导学生了解内容的三要素）

T：Now,look at the black board.A notice should have...（指着词条引导学生说）

Ss：Title,contact and content.

T：And the content has ...（将 what where when 分别贴在 content 一栏）

Ss：What where and when.

【课堂说明：老师通过学习一篇公告提出任务，引导学生进一步分析文本，了解公告内容这部分的三要素，培养学生的阅读方法，为进一步完成表格打下基础】

Activity4　Let's finish the table

T：You are so smart. Now let's read the rest notices,try to finish the table.（拿出表格纸示意）

（学生利用划出关键词的方法分析文本，完成表格。教师在学生中间进行指导）

S1：What ...It's about dance.

T：You are right. And when?

S1：...I don't know.

T：You don't know or it doesn't tell us?

S1：It doesn't tell us.

T：You can guess,maybe...

S1：Maybe on Mondays.

T：Very good time!

S1：Where...maybe in the classroom.

T：Great!And...?

S2：At my home.

T：I like home too.It's comfortable.

【课堂说明：通过学习一篇公告，指导学生运用分析文本的方法自主学习其他三篇。其中第三篇和第四篇公告没有告知地点或时间，这里只截取一篇的详细记录展示教师如何引导孩子们利用 maybe 句型来进行文本内容猜测，进一步培养孩子的语言思维和表达】

Activity5 Let's learn（句型搭建）

T：Well,if you write your own notice,which sentence may help you?You can underline them and tell us.

S1：There is a dance class at 1 p.m.on Sundays.

T：Good sentence.（将词条 there is... 贴黑板）

S2：What do you do on...

T：I will use it too.（将词条 What do you do？ 贴黑板）

【课堂说明：教师借此机会将可以通用的句型 Shall we... ，Join in our...，Come to the...， There is a... Do you want...，Do you like... 贴在黑板上进一步帮助学生搭建语言框架】

Step3 Writing a notice（拓展操练环节）

T：It's time to write our notice, work in your group,discuss and write?

Ss：OK!

T：Before your writing,please read the writing instruction.And I can help you.

（学生自由撰写，教师就句型和表达进行指导，就小组如何展示进行示范）

【案例四】

人教版小学英语六年级上册 Unit4 Part C
Read and write 教学设计
金凤三小 丁瑞芳

本课为国家级教学成果二等奖"231高效教学模式"下的读写课，该模式是一种先学后教、以学定教的成熟模式。课前指导学生通过观看微课进行自主预习，以合作学习方式（对学和群学）完成说学稿相关语言任务。课中通过检测预习、新授指导和拓展练习三个环节引导学生学会撰写简单的公告。

一、教学目标与要求

1. 知识与技能目标

（1）能按照正确的意群及语音、语调朗读公告栏里的四则公告，能关注到句中重读的部分并正确朗读。

（2）能正确规范书写核心句。

（3）能通过教师的引导了解公告包含的几个要素，并能仿照范例个性化地编写自己的交友公告或社团广告。

2. 情感态度、学习策略目标

（1）培养通过了解对方的兴趣爱好结交朋友的意识。

（2）在教师的引导下掌握捕捉有效信息、思考推理、质疑能力。

二、教学重点与难点

1. 教学重点

（1）能正确规范并意义书写核心句。

（2）能通过教师的引导了解公告包含的几个要素，并能仿照范例个性化地编写自己的交友公告或社团广告。

2. 教学难点

能通过教师的引导了解公告包含的几个要素，并能仿照范例个性化地编写自己的交友公告或社团广告。

三、教学设计

1. Watch and read, pay attention to link and tone. 【观看微视频，大声朗读四则 notice（公告），注意连读⌣、升调↗和降调↘。】

Shall we dance?
There is a dance class on Sunday at 1 p.m. I like dancing, and I need a partner.
Call Amy: 334 5567

Goal! Goal! Goal!
What do you do on Sundays? Join our football club! See you on the playground!
john@pep.com.cn

Let's read together!
What is your hobby? Do you like reading? I have great books. We can share!
Call Mike: 443 5678

Science Club, YOUR club!
Do you want to learn about robots? Come to the science room! Meet Robin. He teaches students to make robots.
robin@pep.com.cn

2. Think and write.

（1）Who write the notices（公告）?

（2）What do they want to do?

A. Find a pen pal   B. Make friends   C. Share hobbies

（3）What are their hobbies?

Amy likes …

John …

Mike …

Robin …

（4）Can you find out the same parts?

（这四篇 notice 的写作格式有什么共同部分？）

四、教学过程

Step1 Greeting and checking（导入检测）

1. Guessing game.

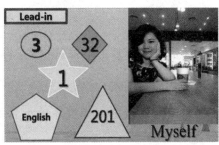 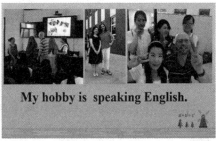

【设计意图】通过根据数字与单词猜测教师个人信息得知老师的爱好是英语，老师准备创建英语角，引出今日话题 Notice board。

2. Checking the reading.

（1）Let students read the notices, help them to correct wrong pronunciation.

（2）Guide students to learn the stress.

（3）Check the answer of exercises of paper.

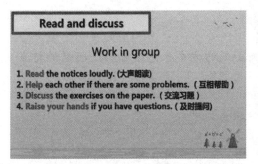 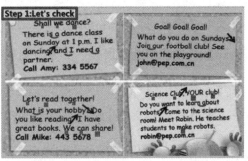

【设计意图】通过检测学生课前预习效果，帮助学生解决朗读难点，扫除阅读障碍。引导学生通过合作学习交流，学会通过略读捕捉文中关键信息，理解文本的广义。

【核心素养渗透】培养学生合作学习能力。

Step2 Presentation & Practice（释疑指导环节）

1. Show 4 notices, read and compare.

What's the same part？

（通过提问四篇公告写作格式的相同部分，请学生快速观察，自主总结出英语公告格式的明显要素：标题和联系方式）

2.Read the contact and learn more ways.

（引导学生学习朗读 E-mail，介绍更多联系方式为后来书写做铺垫。）

3. Read the titles and feel the different style of titles.

（引导学生朗读四则标题，感受不同题目风格，为下一步引导学生取题打下基础）

4.Show the notice"Goal!Goal! Goal!"

Guessing the meaning of the title.

Would you like give it other titles?

根据学生给出的题目，教师总结公告取题的注意点：simple，attractive

（引导学生通过朗读、观察、创造新标题的方式来感悟 notice 标题的特点。为接下来的书写做铺垫。）

【核心素养渗透】培养学生语言思维能力。

5.Read P2 carefully and answer.

What is the notice about?

When do they play football?

Where do they play football?

（通过问题引导，细读文本 Goal! Goal! Goal! 内容，了解细节信息，近一步明白 notice 的书写框架。）

6.Show the last two notices and write down the key words.

（根据之前搭建的 notice 要素引导学生自主阅读另外三则，获取有效信息，并规范书写核心句型）

【核心素养渗透】培养学生文本分析能力。

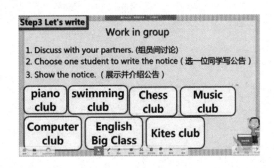

title	content			connection way
	what	when	where	
Goal!Goal! Goal!	play football	Sundays	playground	John@pep.com.cn
Shall we dance?				334 5567
Let's read together				443 5678
Science club, your club				robin@pep.com.cn

7. In the content，which sentences may help you？

（考虑到部分学生对于内容书写仍模糊，请学生列举他们会用到的句型，教师借此机会将通用句型贴在黑板上进一步帮助学生搭建语言框架）

【核心素养渗透】培养学生获取语言信息和语言模仿能力。

Step3　Writing a notice（拓展操练环节）

Write a notice to make friends or for a club.

（鼓励学生通过合作进行个性化书写，并展示自己的作品。）

【核心素养渗透】培养学生语言运用能力和创新思维。

【课后反思】本节课我采用任务驱动式，以问题为任务和途径，使学生在我的层层引导和帮助下，以 2—4 人小组合作形式完成学习目标和任务，即通过合作学习，参照范例个性化的撰写公告或团体海报，最后学生呈现的效果非常好。本课教学的高效体现在学生课前先学的自主性、合作学习的发展性以及语言运用的创新性。本课的亮点体现在核心素养的落实贯穿整堂课，在细节中流露，在点滴中渗透。当然也有遗憾和欠缺，关于文本教学，第一篇和第二篇还欠缺对比，如果经过对比引导学生能够总结出交友类和分享爱好类，对他们进一步的个性化创作会更有帮助。关于合作学习，还可以根据爱好或其他分组办法，将原有小组打破，组建新的小组，使学生通过大范围"人人合作"强化合作思想，分享更多的语言学习。

综上所述，"说学稿"重口语表达、重学习兴趣和内在动机。它始终连接着课堂和评价检测。低年级学习者通过预习重基础知识的模仿，高年级学习者重英语思维表达，才能真正让"表达"在课堂真正的发生。

说学英语教学

众所周知，说学英语是提倡"先学后教"和"以学定教"的课堂，它的辨识度很高，可操作性很强。经过长期的研究实践，总结出其具有以下特点：

一、课风简约

普适课堂的基本环节为"热身、导入、新授、练习、拓展"，说学课堂则简明许多，在"导入（Leading in）、预习检查（Checking）、释疑指导（Instruction）、语言练习（Practicing）和拓展（Extension）"五个环节下，融入"对（自）学、汇报、质疑、指导"四个规定动作，学习任务由学生自主探究完成，老师完成释疑解惑的部分。从既定的环节套路中被彻底解放深度思考知识本质、设计有效的教学活动和如何根据学情指导学习。英语课是需要创设情境的，说学英语课堂更注重学生情境，它要求教师需根据当下学生的学习情况运用教学机制确保课堂的顺利。

二、起点更高

维果斯基的研究表明：儿童发展有两种水平：一种是学生的现有水平即独立活动时解决问题的水平；一种是学生可能的发展水平即通过教学获得的潜力。两种水平之间的距离是"最近发展区"。说学英语课堂就是一个确定"最近发展区"——突破"最近发展区"——创建"最新发展区"的循环螺旋上升过程。它合理分配了预习和课堂教学逻辑关系，课堂从检查学生自主学习的情况和发现学生问题入手。这样，从学习规律上突破了三点：一是学生能学会的，老师不包办；二是课前能解决的，不留到课堂上占用时间；三是课堂活动设计将更多倾向于语言知识的应用实践和迁移创新。起点决定终点，入课是从学生自学单词句型的问题和困惑开始，就省去了传统课堂按部就班式的单词句型教学过程，听说和模仿将不再是课堂的主要基调。因而节省出课堂时间去探索用语言完成任务，用语言汇报成果，用语言作为抓手解决语言问题等深度学习。课堂终点无限延伸，课堂内涵有了广度深度和厚度。

三、强调说学

说学英语，特征就是"说学"即"表达"。课堂上除了"听说""模仿说""课文背诵复述说"之外，我们鼓励学生用简单的英语质疑纠错提问，用学到的语言完成任务，通过完成任务巩固语言。由于课堂时间、空间都给了学生，学生合作"表达"真正在课堂上发生了。考虑到儿童语言发展规律，说学英语课堂从课前到课堂起课阶段都是让学生在预听和预读中感知语言。随着课堂推进，确立了"会读—复述—拓宽—创造"层层推进语言学习和学生能力提升思路，使得语言交际的"质"有了明显提升。任何学科教学，启迪思想才是教学的最终目标，英语学习也不例外，在"引导表达"任务中启动学生语言思维，发展学生语言应用能力，说学英语追求的就是这样的目标。

四、回归语言本质

小学英语有丰富的课型，按照知识目标分为三类：词汇教学、语篇教学和语音教学。基于说学课堂的思考和实践，各类教学更加注重语言学科的内涵本质。在词汇教学中，语形，语意和语用相互关联依存，教师将更有意识地关注单词音意形的融合，借助语言支架，引导学生运用。在语篇教学中，教学活动和问题的设计将从"理解语篇"走向"挖掘主题内容"，体现文本理解—文本再构—创造应用的过程。在语音教学中，从语音知识引导过渡到拼读能力和音形结合记忆能力的培养，在语用的过程中让学生感知体验。通过一系列活动，实现语言知识到语言能力的转化。

五、渗透文化元素

说学英语在走完初期"定模、优模、出模"模型阶段后，就会迎来一个高级发展阶段——纯正英语阶段。随着课改的发展，说学英语提出了"说学＋文化元素"。文化元素，包含英语语音、语调、特殊词汇，也包含英语国家的思维方式、语言习惯、肢体语言，还包含英语文章著作的阅读理解等等。"说学＋文化元素"就是既要"说学特征"，又要"纯英语元素"，为英语教育走向深度、广度、高度指明了方向，铺设了道路。因而，说学英语就要下力气研究如何渗透地道的语音、语意、表达、背景等显性文化元素，更要通深入研究教材文本背后的习惯、方式和思维等隐性文化元素，在点滴中渗透英语文化元素。

改革以来，基础教育研究与实践的最大成就之一，就是树立了"学生是教育主体"的观念。但是在课堂教学中，学生并未真正成为主体，大多数课堂教学也没有发生根本变化。为什么？因为大多数教学改革尚未抓住教学的根本，对课堂教学的研究还只停留在文本上、观念上，没有落到实际行动中。开展深度学习的研究与实践正是把握教学本质的一种积极努力，是我国课程教学改革走向深入的必需。"说学英语"课堂以研究深度课堂为使命，从而提出"五环节四动作"为初始模式，旨在帮助新手教师进行复制模仿借鉴和研究。成熟型教师则可以脱离"模式"，走上灵活运用的道路，根据学生情况和教学机智合理调整教学行为。

说学课堂包含"预习检查（Checking）、导入（Leading in）、释疑指导（Instruction）、语言练习（Practicing）和拓展（Extension）"五个环节。每个环节操作都需要立足于课型和学情。下面就几个重要环节进行说明阐述。

大多数英语课的上法，一入课教师先创设语境，继而进行评价机制的说明。

再以有效活动辅以语境导入新课。这样的授课方式适合未经预习的英语学习者，是被大众接受且符合语言发展的方式。说学英语课适宜经过预习、起点略高的英语学习者。二者不相违背，后者更聚焦培养学生习惯和能力，鼓励学生"尽量学会自己能够学会的"。鼓励教师"不包办代替学生自学的部分"，提倡老师利用更多的时间和精力为学生创设深度的学习体验。

预习检查（Checking）从字面意思看替代了过去的热身（warming up），其实他们在实际操作中是互通融合的关系。预习检查的操作是多样的，可以具化为交谈（free talk）、头脑风暴（brainstorm）、游戏（games）、说唱（singing）朗读（reading）等一系列语言占主体位置的教学活动，而非单一的检查任务。诸如低年级段词汇课，教师布置了听读的预习任务，次日便可以将词汇以歌曲、童谣、游戏的形式复现，观察学生哪些词汇掌握的还不够好，辅以重点讲解。中高年级课堂，老师既可以组织开展对学互查的形式，也可以开展口语对话等形式，灵活检测。又比如高年级对话课，教师布置了描述图片的预习任务，次日便可以通过自由交谈呈现任务，观察学生的语言组织情况，重点释疑。再比如高年级阅读课，教师可以提前布置略读抓取关键信息的预习任务，在课堂上开展讨论和分析，指导策略。无论何种形式，教师把握几点原则：第一，检查的目的是"以教定学"，而非选拔淘汰或纠正错误。第二，检查的方式灵活多样，以激发学习热情、解决学习疑惑为主要目标。第三，根据学情开展自学、对学、展示、释疑四项动作。低年级段学生初次接触疑难知识，检查阶段的自学和对学属于无效活动，可以暂不考虑。以教师的讲授和学生模仿为主。预习检查是一节说学课堂的开始，它的作用是帮助教师定位学生学习的情况，调整自身的教学行为，切记走入调整学生发音、简化教学行为的死角里。

基于预习检查的环节，导入（Leading in）不再只是根据创设的语境，可以根据真实的学生情境和问题情境。这也就是"问题意识"的体现。比如高年级阅读课，教师提前安排了根据图片进行猜测和提问的预习任务，在课堂上直接以"图片环游法"开展提问和回答，以解决学习者共同的疑问开启新授知识。

这都是非常不错的以问题情境导课的成功案例。

教师在操作"说学课堂"时最容易出现的问题就是此课失去了新授。经过一段时间的听课观察，我得出结论因为老师们走入了预习检查即新授的误区里。这是进行操作到实践阶段必然出现的问题，好在我们花大量时间重新制定"说学稿"的编撰理念后，扭转了这个局面。那么说学课堂有新授内容吗？答案是毋庸置疑的！新授内容是预习内容的复现、延续、递进、迁移！简单地说如果学生预习效果不佳，那么就复现内容，使学生真正学会即可。如果学生部分重点掌握不好，那么就聚焦重难点，延续一系列活动任务帮助学生学会。如果预习效果好，那么新授部分就可以预先实现知识的递进和迁移，这个部分老师可以创造和实际生活相关、具有探究意义的活动，整合一系列资源辅助学生深度和广度学习。笔者曾经在课堂里融入了"Jigsaw reading""Reading circles"等来自源语言国家的方法辅助学生完成学习，这些看似不太适合非母语学生的方法的确效果很好。可见新授这个部分在说学课堂上是可以深度进行的。

为什么"说学课堂"要反复强调"四动作"？是因为四动作是"合作、自主、探究"的简约表达。"自学、对学、展示、质疑"8个字指导教师如何设计活动，如何保证活动的参与面和参与度。关于学生合作这个部分读者可以参照前几章的总述，笔者不过多赘述。在英语学科范畴内，合作学习最小范围是两个人，即"pair work"，适宜范围是"4-person groupwork"，鼓励"6-person groupwork"，根据课堂也可开展更大范围的，只要确保活动的有效性和参与性即可。操练和拓展两个部分不鼓励教师讲解太多，教师是一系列活动的设计者、倡导者、参与者和协助者。教师可以俯下身去和学生一起练习、探索、进步。操练环节的多以任务为主，避免机械单一的操练活动，具体读者们可以参看王蔷老师《英语学习活动观》、龚亚夫《多元目标英语课程》。

说学课堂的几个环节的讲解旨在帮助老师们更新理念和认识误区。笔者之所以没有详细说明应该如何做，是基于规避将他们模式化的可能性。事实上老师们掌握了理念，明白了原则，通过研究课例、课堂实践才可以更好地掌握。

教无定法，我们相信"五环节四动作"不是冷冰冰的公式，而是每个老师手上的"真理"，是灵活绽放的"自由之花"。

【案例】

绘本 Magic Tails 教学设计

银川市金凤区第三小学　胥沅秀

一、教学目标

1. 知识与技能

（1）能用 Could I borrow your ...? 进行简单的对话交流，学会礼貌、地道地用英语向他人借东西。

（2）通过学习本节绘本课，学生能通读并理解文本，并挖掘文本背后的科学意义。

（3）学生能用所学的词、句结合自己的生活实际展开讨论。

2. 过程与方法

（1）采用图片环游法，紧跟小苍蝇借尾巴的主线，利用问题链引导学生学习并理解文本。

（2）通过四人小组活动，让学生共同参与完成小苍蝇的路线图，实现思维可视化，从而理清文本脉络。借助路线图复述故事，内化文本。

（3）在处理文本的环节，利用模型、视频、表演等多种趣味方式，随文识词、句。

3. 情感态度与价值观：通过小组活动，培养学生合作学习的能力。通过挖掘自然界中动物尾巴的作用，让孩子们体验神奇的尾巴的意义，感叹大自然的美妙。

二、教学重点和难点

1. 教学重点

学会在实际生活中使用句型 Could I borrow your ...? 礼貌地向他人借东西。

2.教学难点

（1）文本中的生词、难词：support,in danger,run away,drive away.

（2）理解并内化文本。

三、教学方法

采用图片环游法，紧跟小苍蝇借尾巴的主线，利用问题链引导学生学习并理解文本。通过四人小组活动，让学生共同参与完成小苍蝇的路线图，实现思维可视化，从而理清文本脉络。借助路线图复述故事，内化文本。在处理文本的环节，利用模型、视频、表演等多种趣味方式，随文识词、句。随后借助问题，让学生结合生活实际将所学词、句有效、生动地表达出来。

四、教学过程

1.Pre－story

（1）Look at the cover:

T：What do you see?

S：I see ...（a fly, many tails ...）

（2）What does he look?

He is ...

He has ...

【设计意图】通过观察封面，了解和预测文本内容。小组讨论，两人小组描述小苍蝇的外貌，得出苍蝇没有尾巴并想去借尾巴的结论。

2.While－story

（1）Read and answer:

1）What animals does he meet?

2）Does he get a tail?Why?

设计意图：利用两个问题，找出故事的明线——小苍蝇借尾巴的路径，并引导学生思考小苍蝇借不到尾巴的原因——动物们要使用他们的尾巴。

（2）Work in four,read and finish the road map:

活动说明：
1．先仔细读故事，找出尾巴的作用。
2．4人小组合作，将尾巴的作用贴在相应的动物下方，完成路线图。

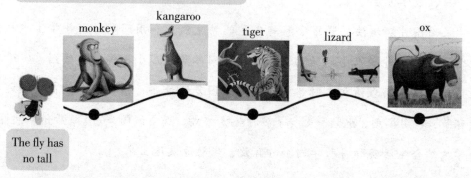

kangaroo

monkey   tiger   lizard   ox

The fly has
no tall

【设计意图】四人小组活动，突出学生学习的主体性。让学生共同参与完成小苍蝇的路线图，培养合作意识和习惯；利用思维可视策略梳理文本脉络。

（3）Read after the video,and check the answers.

【设计意图】借助检查活动随文识句、词 Could I borrow your ...? support,in danger,run away,drive away 等，利用视频、动作、图片等帮助学生理解。

（4）Work in four,retell the story.

小组合作，
复述故事，
一人一句。
- The fly has no tail.He goes to borrow one.
- He meets a <u>monkey</u> The <u>monkey takes food with it</u>.
- He meets a/an_____.The_____.
- At last,he has no tail.

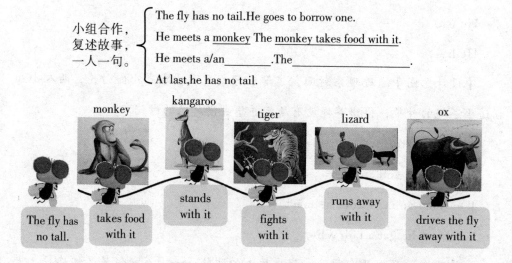

monkey   kangaroo   tiger   lizard   ox

The fly has
no tall.

takes food
with it

stands
with it

fights
with it

runs away
with it

drives the fly
away with it

【设计意图】四人合作复述故事，内化文本，提升学生的语言能力、思维品质。

3.Post － story:Fur thinking

（1）Work in pairs and talk:

Do you know other animals with tails?

How do they use the tails?

设计意图：学生结合课前查阅的资料，相互学习交流，拓展科学知识。

（2） Whose tail do you like best?

A：Could I borrow your tail?

B：Why?

A：I can … with it.

设计意图：学生结合自身谈论自己最喜欢的尾巴，并利用本课所学的知识进行表演，实现学以致用。

五、作业

1. Tell the story to your family.

跟家人讲讲今天的故事。

2. Get to know more about animal tails.

了解更多动物尾巴的知识。

六、板书设计

七、教学反思

有待改进的地方是问题设计需要优化，能让学生通过思考即时回答。应设置开放性问题，有助于学生发散性思维的培养。

说学英语复习

复习就是复盘巩固已学内容，将知识串联再记忆，使学习者对其印象更加深刻。复习是归纳、总结和记忆，更重要的是进一步理解与吸收，实现学习的质的飞跃。在多数老师的印象中，复习就是为考试服务，其实不然，复习不是一种做法，应是一种常态。在说学英语范畴内，可以理解为复习课型和复习的做法。基于复习课的课型特征已经附有标准，所以这一讲主要是讲解复习的意义和相应做法。

一、整合知识，使之系统化

通过复习可以深化在课堂上没有理解或没有完全理解的问题，我国目前学校教学的基本组织形式是班级授课制，总有学生有部分问题在课堂上没有弄清楚。这就需要课后通过复习来弥补。学生的知识，一般都是基础性的知识，前一阶段的知识都是学习后阶段知识的基础。如果课堂上没有弄懂的问题得不到及时的解决，容易出现"恶性循环"现象。相反，如果对已学知识理解透彻、掌握牢固，也会出现越学越好的"良性循环"。

在说学英语复习的教学部分，老师需要把握一个原则：复习不单是为考试服务的，复习是培养学生知识图表化的最佳方式。老师们指导学生们不仅复习表面知识，更要指导他们利用合适的学习工具进行统筹，注重观察知识与知识的联系、递进、迁移等，最终形成知识体系。如：人教版新起点英语一年级下册。四年级上册和六年级上册都会出现动物的主题，但是功能语言是递进的，从动物单词发音—描述形象—区分动物习性种类（哺乳、两栖等），所以教师要站在全册书的角度自上而下分配进行复习。通过复习，可以使新学习的知识系统化，使之被纳入学生头脑已有的知识系统之中，成为其整个知识体系的一个有机组成部分。正如一滴水，既没有实用价值，也会干枯，但由无数滴水汇集而成的江河和海洋则既不会枯竭，也有它巨大的价值。

二、巩固知识，形成技能

众所周知，"说学英语"无比重视"表达"的输出方式。所以在复习阶段，不但要求教师们每一节课都要做好知识巩固工作，还要仅仅抓住"说和学"的特点。基于说学英语的学科属性，仍然以"说"为主，以"写"为辅，适当进行"解题"。"学科核心素养"和以考试为主要方式之一的评价是不应该相违背的。没有任何一个课堂改革是和评价彻底分离的，所以在纸质考试依然是主要方式之一的今天，"解题"仍然重要。"说"就是通过一系列方式指导学生综合性表达。比如：小学英语教材每个单元都有话题，那么教师在复习层面应立足于该话题的综合性表达。"写"和"说"一样，都是"表达"的一种方式，鼓励学生以"写"的方式进行知识的复现和创新，尤其是创新，学生学习完新的词汇句型，只有通过表达的方式才能变成内化和吸收。

说到"解题"，一定避免"题山题海"的"刷题"误区。笔者参与过编撰教育厅专项练习册的工作，借鉴过市面很多教辅材料，发现现在小学英语的很多题型面临着被淘汰的可能性。重知识轻能力的语法题不仅不会锻炼学生能力，反而对教师的教学起着"瞎指挥"的作用。所以评价方式最终影响着教师的课堂行为，我们会在说学英语评价章节里细致深入的探讨这一终极改革。究竟什么样的题型可以考察学生的知识掌握情况？答案是贴近生活，考查学生综合实践应用能力的题型。

我们可以参看对比以下几种题型：

【案例一】

6. 根据提示牌完成下面问题。

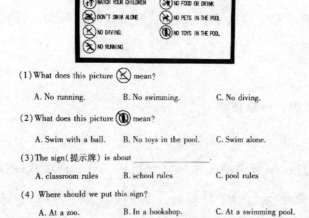

(1) What does this picture ✗ mean?

    A. No running.   B. No swimming.   C. No diving.

(2) What does this picture ⊗ mean?

    A. Swim with a ball.   B. No toys in the pool.   C. Swim alone.

(3) The sign (提示牌) is about _____.

    A. classroom rules   B. school rules   C. pool rules

(4) Where should we put this sign?

    A. At a zoo.   B. In a bookshop.   C. At a swimming pool.

【解读】这类题型以语法现象和语法知识为主，主要考查学生对于知识尤其是语法现象的记忆。这类题型的过多参考和使用会将老师们引入偏离学科核心素养观的轨道。此类题型我们也不倡导"一刀切"，指导学生进行适量练习的时候，着重分析题型的本质，鼓励学生能够用自己的语言讲授并举一反三即可。

【案例二】

按照要求写句子：

1.I like running. (根据划线部分提问)

_____

2.我喜欢打篮球。(用英语翻译)

_____

3. I often go roller skating. (改为以 do 提问的一般疑问句)

_____

4. I am good playing ping-pong. (改为以 are 提问的一般疑问句)

_____

5.你喜欢跑步吗？ (用英语翻译)

_____

6. you often Do play ping-pong? (连词成句)

【解读】这类题型以语言综合运用为主，主要考查学生对于知识的实践，以及如何运用知识解决实际生活问题。这是说学英语倡导的题型，它更接近培养能力和提升认知两个方面，我们鼓励老师们在复习体系中，能够多出些此类题型，毕竟学英语就是为了在实际生活中运用。

以上两种题型对比，毫无疑问后者更受学生欢迎，更能接近"说学英语"所提到的学科本质。在复习方面，我们并不反对在理解的基础上背诵。事实上，有许多知识是必须牢固掌握的。同样通过复习掌握技能，也更助于培养学生自主研究能力和良好的学习习惯。通过复习，加深对知识的理解和巩固，形成熟练的技巧，有助于知识和技能的广泛迁移。知识、技能迁移的广泛程度就是衡量我们能力的一个重要标志。

三、深化知识，整合资源

学习者对知识的理解是一个逐渐深化的过程，特别是对那些难度大、蕴含比较深的知识，往往不能一次就能透彻领会，只有通过反复地学习、思考，才能逐步全面、深刻地领会其中深奥的含义。所谓"书读百遍，其义自见""温故而知新"也就是这个道理。还有些知识，初次接触可能只是表皮肤浅的理解，经过认真复习，反复思考，才能真正把握其实质。语言知识的资源面是非常广的，如果仅仅局限于课文知识的复习，语言还是停留在浅层次。倘若老师能够运用歌曲童谣、故事文章、报刊绘本、音像影视、活动等为载体，依托主题整合资源，就会不断扩大学生文化面、视野和价值观，达到核心素养中提到的文化品质。这也是"说学＋文化元素"孜孜不倦追求的终极目标。

说学英语的复习，是一个发展的过程，切忌一步到位。要把握螺旋式上升，循序渐进的速度，这才符合儿童认知规律。如果老师们能够用"发展"的态度看待复习工作，看待学生学情，将会收获更加好的教学效果。

说学英语课程与实施

任何一项课堂改革最终的走向是课程化，所以说学英语创造性地提出"说学＋文化元素"，说学是输入内化和输出的有效策略，文化元素是终极目标，是说学英语的课程化构想。什么是课程？说学英语的课程有哪些？这一讲我们主要解决这些问题。

工业时代，杜威提出：课程即活动，他提倡开展以活动为取向的课程，注意课程与社会生活的联系，强调学生在学习中的主动性。而在泰勒看来课程内容即学习经验，他强调学生与外部环境的互相作用。

步入互联网现代化的今天，课程一词又有了新的定义：课程是指学校学生所应学习的学科总和及其进程与安排，是对教育的目标、教学内容、教学活动方式的规划和设计，是教学计划、教学大纲等诸多方面实施过程的总和。课程是以实现各级各类教育目标而规定的学科及其目的，内容，范围与进程的总和，它包括文化课程和活动课程。其中文化课程包括国家课程、地方课程、校本课程，活动课程则涵盖了自主活动、综合实践活动，隐性课程等，也就是说一切有利于学生发展的资源、环境、学校的文化建设、家校社会一体化都属于课程。

因为聚焦"表达"，所以提倡多种方式和角度的"表达"。"说学课堂"提倡开放的"说"和回归本质的"学"。"说学文化周"则侧重于轻松地"玩中学"，进一步采用"唱、演、创、编、播报、诵"等方式提升学生的表达欲和自信心。"说学远程外教课"通过母语国家专业教师的引导，进一步纠正和培养学生的语音语调和表达习惯，提升学生对外交流的能力。"说学悦读"引导学生涉猎广泛的文本语篇积累词汇量和表达材料。"说学口语检测"采用 1+n 的方式对学生的口语能力进行检测和反馈，使评价不再流于应试，而是侧重学生语言交际能力的评估和诊断。以上五个板块最终使"说学英语"的教育思想得到有效落实。

课堂附丽于课程，课程反哺课堂！E — English 名称的确立有两层意义。E 为 express，引申为侧重语言表达的英语教育。E 又为互联网标志，引申了与互联网相结合，进行线上下资源整合的新趋势，为英语教育走向深度、广度、高度指明了方向，铺设了道路。E — English 建构以开展课堂教学为中心，以整合多种资源为载体，以设计多项活动为依托，以实现培养"热情、自信、开放、自由表达、融合欣赏多维文化的学生"为目标的课程体系。通过有效设计，使活动逐渐具体化、主题化和系统化，尽力融合各个学科在集团校范围内推广运用。为我区小学英语课程建构中活动无设计观、资源紧缺、无对接教材等问题提供案例和支撑。在这个阶段，会有机融入特色教研、教师专业培训等活动，使课程为师生未来切实起到服务作用。

我国《全日制义务教育普通高级中学英语课程标准（实验稿）》规定了义务教育阶段英语教育的总体目标是：通过英语学习使学生形成初步的语言综合运用能力，促进心智发展，提高综合人文素养。其中综合语言运用能力的形成建立在语言技能、语言知识、情感态度、学习策略以及文化意识多方面。针对总目标，结合金凤三小集团各校情况，我们提出课程建构的初步模式。

一、"线下 + 线上"的互助模式

说学课堂是课程建设的核心领域，但教材和有限的授课时间不能根据学生的实际水平和需要很好地培养学生，金凤三小团队引进了"远程双师外教课"，在教师和教材两个方面进行选择和匹配。学校四到六年级学生每周会上一节外教课，外教老师透过屏幕围绕主题，结合语音、单词、句型和语篇进行教学。通过双师合作以及有效引导，课堂的互动让英语学习更加生动、立体和丰富，孩子们参与度逐渐提高。说学教育看重学生的地道表达和自信开放的包容气质。双师课堂是一种科教融合的创新模式。二者的结合，极大地激发了学生学习潜能。"线下＋线上"的模式紧扣课程目标中的"表达"，也是作为"互联网教育示范省"的宁夏基础教育界的成功案例之一。

二、"教材＋阅读"的有机整合模式

阅读技能是语言学习中最基本的一项能力，阅读技能的提高不但能够有助于培养学生良好的文化意识，掌握有效的学习策略，形成积极的情感态度，促进整体语言技能的提升，更对学生的认知能力的发展、人文素养的培养和正确价值观的形成有深远影响。我们很早就意识到国家统一下发教材的知识是有限的，其中也走过了融合多套教材、提取主题关联语言集结成册等弯路，团队开始进行"教材＋阅读"的整合模式。目前主要方式为主题外挂式，匹配时下相应的英语绘本书籍和分级绘本材料，进行初步的整合。如一二年级以人教版 SL 英语为主，辅以自然拼读读本，旨在培养学生语音语素意识。三四年级鼓励以人教版 SL 英语为主，辅以美国 RAZ 分级绘本（B 级以上），旨在大量拓充学生各主题词汇，培养阅读习惯和乐趣。五六年级鼓励教师以人教版 SL 英语或 PEP 为主教材，辅以经典绘本或《攀登英语分级系列》《丽声英语分级系列》等，培养学生获取信息能力和整体语篇意识，进一步开阔眼界。在整合过程中，团队将会把研究成果提取保留，建设资源库，进一步将做法体系化，力求把外挂式逐渐演变为融合式。为集团各校提供便捷的实施操作路径。

三、基于 CLIL 研究下的"学科＋语言"跨领域模式

CLIL 是语言和内容相结合的一种教学模式，外语在课堂中是教授其他学科内容的工具，学生在学习学科内容的同时，潜移默化地学习语言知识。成功的 CLIL 课程是以综合内容（content）、文化（community）、交际（communication）和认知（cognition）为一体，语言和学科知识相辅相成，学生在课堂上即学即用。

金凤三小课程将在 CLIL 的理论下，开展跨学科课堂、主题项目式学习和英语文化周。做法为：第一，设计推出英语环境下的文化课：戏剧表演、科学探究、美食特色、音乐美术、电影赏析、文化欣赏、综合手工等，融语言和认知为一体。第二，设计研发项目式学习，诸如融合金凤三小品牌"新年音乐会"，推出设计门票海报、英文主持、英文简介等活动，融语言和生活为一体。第三，组织推出主题式文化周活动，如节日、节气、家乡、旅游、诗词、"一带一路"等，融语言和文化自信为一体。全方面多维度开创语言运用的可能性，增加学生展演平台，提升学生多维能力。通过多种课程内容的学习，有效指导和培养学生自主学习的习惯和能力，使英语学习从课内走向课外，从学校走向家庭。

四、教师"教育观 + 学生观 + 课程观"理念的提升

判断一所学校或者一个学科是否课程化的重要标志是该校教师是否具备三观，即教育观、学生观和课程观。当老师不再局限于课堂知识的教学，能够站在宏大目标的角度合理运用教学资源、合理分配教学时间和任务、合理设计教学活动、用"发展"的眼光看待学生和自身成长的时候，他教学就镀上了"人文"的思想情感，教育效果会更好。三小团队通过建构课程体系，进一步培养教师语言文化底蕴、教材文本解读、学情分析、资源整合以及活动设计研发等多项能力和"三观"思想！

说学英语考试改革

　　《英语课程标准》（以下简称《新课标》）和"学科核心素养"的出台对于小学英语教育意味深远，标志着"应试教育"体系开始逐渐瓦解，取而代之的是"全面培养学生综合素养"体系。《基础教育课程改革指导纲要（试行）》明确规定：建立促进学生全面发展的评价体系。改变其过分强调甄别与选拔的功能，发挥评价促进学生发展，教师提高和改进教学实践的功能。传统的评价是关注结果的，长期以来，学校对学生成绩的考察主要以考试的方式进行的，它往往窄化为纸笔测验。关注结果的评价使教师侧重知识的传授、在学习中有意识地训练应试能力而忽视了情感、审美、道德等方面的全面发展。

　　"说学英语"倡导"表达"，以"口语交技能力"为主要输出方式，因此更注重评价过程对学生发展的促进作用。本着"创造适合儿童的教育"，我们将评价的功能应定位在促进学生认识自我，建立自信，不断发展和形成正确的人生观、价值观方面，而对它的甄别和选拔功能尽可能淡化。随着课堂改革的不断深入，在考试与评价改革中，我们积极引导教师树立与新课程相适应的新的评价理念，树立正确的学生评价观，认真学习和掌握先进的评价理论和方法，灵活运用多种评价方式，在对学生的评价方式方面做了一些尝试与探讨，并取得了一定的成效。

一、实行评价目标层次化

　　众所周知，不同的人先天遗传不同，所处的家庭和社会环境不同，这就从根本上决定了不同的人有着不同的思维方式和知识背景。人的发展具有差异性，体现在知识、技能、能力、兴趣等多方面。美国著名心理学家加德纳提出多元智力理论：每个人至少有七种智能，即语言智能、数理逻辑智能、空间智能、音乐智能、人际智能、内省智能、体态智能等，每个个体在这些方面的发展方向及其发展水平都存在着差异。因此，评价目标应设计多种层次，才能准确地反映出个体在不同方面的发展水平，才能使每个个体发现自己的长处，增强自信。语言学习是多元化的，因此相关的评价应本着这个原则。

"说学英语"的评价内容不仅包括基础知识和基本技能，还包括学习过程和方法，情感、态度与价值观等非学业内容。后者一方面是学科培养的重要内容，另一方面对于学生的学业好坏也有着至关重要的影响。它们之间没有主次之分，对任何一个方面的忽视都可能造成学生发展的偏颇。因此，依据教育教学目标，在教研中，我们不断组织教师积极探讨了素质教育下对学生多元化评价策略的研究，通过对学生评价问题的尝试，树立人的语言能力全面发展的质量观，建立一套评价内容多元、方法和手段多样的整体动态的评价策略，充分发挥评价的教育激励功能，促进学生个性的发展和素质的提高。

在实行目标层次化方面，一是英语团队改革了传统的优秀评选制度，除评选"优秀学生"外，还设置了"单项进步奖"以及"个性特长优胜奖"，从思想品德素质（认真星、专注星等）、学科文化素质（书写星、口语小达人、语法大王等）、个性素质（自信星、自强星等）、等方面定期进行评选奖励。这种评价面向每位学生，甚至个体的每个侧面，使每位学生都能感到不论自己在哪方面有优点长处，只要努力了，总有展示和获奖的机会，总会得到老师和同学的赞赏和鼓励。而且每个学生都拥有评价的自主权，都能明确制定自己的奋斗目标，找到闪光点，实现自我价值，增加了孩子们的成功体验机会，有利于帮助他们认识自我，树立自信。

二是改变过去"一张试卷定乾坤"的考试方式，每学期除了规定的内容外，增加单项能力考查，如课文背诵、英语会话、英语展演、英语写作、听力比赛等项目，按比例纳入学业成绩，注重学生能力的发展。

三是尝试针对各个不同的有差异的学生，实行分层制评价学生，学科教学中除期末检测外，还设置了单元达标、即时达标，对学生知识技能与能力发展做阶段性考查。考查时面向全体、注重差异，实施分层教学、分层达标，允许学生选择先后不同的时间达标。对不同层次的学生提出不同的评价标准，从而达到"跳一跳、摘得到"的目标。对品学兼优学生的评价标准高一些，对确实差的弱势学生的评价，更多一些宽容和理解。我们关注的重点是每个学生一段时间内的进步和发展，强调对学生的发展进行纵向比较。实行分层制评价学生，有利于发挥评价的激励和促进作用，也有利于因材施教原则在教学中的贯彻，有利于增强和提高学生的自信心和积极性。

四是在日常的教学实践和评价改革中，我们对学生的非学业方面给予关注和评价。如设置英语大课堂、英语文化周、项目式学习等，教师将学科教学目标中的非学业内容提炼出来，就学生的其他能力如审美、创造性、有意识地进行评价。

二、结合"自善文化"尝试评价主体多元化

传统评价的主体主要是教师，学生是被评价者。由于学生在评价中处于被动地位，评价给学生的心理造成了压力，从而影响了学生心理的正常发展。在评价过程中、教师往往不能准确地发现问题，使评价的调节、激励、改进的功能不能得到很好发挥。因此教学实践中，我们保留教师评价学生的状态，同时尝试采用让学生成为评价主体的方式。也就是说除了教师评价学生以外，增加了学生评价学生、学生自己评价自己的方法，这样，学生始终以主体身份参与评价，让他们了解所要解决的问题，了解评价的手段和方法，从而更清楚全面、客观地认识自我，使评价过程成为一次自我完善的实践活动。

如在日常学习活动中，学生可以以四人小组获大组为单位进行课堂行为和学习活动效果的评价，定期让同学和家长在平板上进行评价。同时，通过家访、校访及家长开放日等方式让学生家长也参与到对学生的评价中来，将评价变为多主体共同参与的活动。在多元化评价操作中必须注意三点：一是评价者（同学、

家长等）要有明确的评价目标和标准；二是要分清楚哪些内容适合多主体评价，哪些内容不适合多主体评价，并不是所有的内容都要多主体评价；三是在多主体评价，特别是学生互评中要淡化等级和分数，强调对"过程"的描述和体察，强调品评和反思。才能全面、准确地反映学生的发展状况，并更好地促进学生个体的发展。

三、采用"1+n"落实评价过程化

评价的核心是关注学生的发展、促进学生的发展，实现评价发展性功能的一个重要举措就是突出评价的过程性。即在学生发展的过程中不断给予评价和反馈，在一定的目标指引下通过评价改进教学，不断促进学生发展，才能有效地改变评价过分偏向终结性的现象。所以，评价主体对学生的日常观察所得出的评价结果，要比一、二次考试更能反映学生的发展状况。

教学研讨中，我们积极倡导教师更多地关注学生的日常学习行为，做到了评价阶段化和过程化。一是注重对学生日常学习行为和发展的评价，关注学生在学习过程中的点滴进步和变化，及时给予学生评价和反馈。老师们在日常交谈或作业批改中充分发挥评语的及时性优势和激励性作用，不仅加强了师生之间的联系，也能使学生能够及时了解自己的进步和不足，从而改进自己的学习。

二是利用成长记录的方法关注学生发展的过程。我们鼓励老师们为学生建立了简易的成长记录，可以是表格的方式，也可以尝试开发 APP 平台。学生通过成长记录看到自己进步的轨迹，发现自己的不足，并通过成长记录加强了自我反省和自我评价能力。

三是运用"1+n"的方式将日常评价、阶段评价和期末评价有机地结合起来。在期末成绩中日常表现、作业、单元测验以及期末考试各占一定的比例。这样做的导向作用是使学生和家长不再只关注期末考试，体现了形成性评价的精神，做到教评相长。

四是重视了学科学习和评价的特点，采取分项考试、分散考试的方法。如将英语的评价考试分为语言表达、词汇掌握、阅读能力、写作能力等方面，采

用写字卡、朗读卡、积累卡、阅读卡、表达卡等考察方式，与期末考试相结合。

以上是"说学英语"在学生评价方面的一些尝试与探索，我们认为要实现学生语言素养提升，顺利推进课堂课程化，必须全体科任教师树立正确的学生评价观，掌握先进的评价理论和方法，并在教育实践中不断尝试、探索、总结，才能逐步完善评价方法，真正发挥评价的激励功能，促进学生个性的养成、潜能的开发，促进学生学科素养的全面提升。

第八章

说学教育形成与发展

说学教育是伴随国家第八轮课程改革发展起来的，2002 年开始，历经近二十年。

一、萌芽期（2003—2004 年）

提起说学教育，必须从第八轮新课程改革说起。2000 年中国教育启动了第八轮课程改革，全国上下开启了一场基于"自主合作探究"的改变学习方式大革命。2003 年，我所在的金凤八小也轰轰烈烈地拉开了新课改的序幕。改革是从课堂开始的，"改革传统讲授式教学""让课堂活起来""和学生平等对话""蹲下身子交流""走进学生中间"等一系列思潮改变着教师们的理念，课堂随之发生巨大改变。

我们把桌子并起来，一个学生围起来坐成圈，上课时尽量少讲，余出时间给孩子们上台表演。学生表演的内容就是课文，课文我们不讲了，也不读了，品词析句也省了。这样的课堂学生快乐了，每节课都玩得很开心，但就时间久了，学生成绩越来越低，人越来越浮躁。于是我们开始审视、深思，这是课程改革的目的吗？

经过认真思考，大家认为，真正的教育不是热热闹闹，而是学生能掌握扎实的学识，具有学习能力，以及个人思维支撑的科学世界观。此后，我们把桌子恢复成原来的样子，让课堂再次沉静下来，开始思考和探索安安静静学习的学生课堂的样子。回来闫琴老师在生字教学上有所突破，她让学生自制生字卡，同桌两个学生一人发卡一人认读，如此反复来回，学生识字速度和效果大幅度提高。我们眼前一亮，也许这就是新课程改革理念下的好课堂。

二、练习进课堂（2004—2005 年）

鉴于语文学科识字游戏产生的训练结果，以及传统数学学科课堂练习经验，我们迅速反应，在语数英三个学科大力提倡当堂练习。而且练习的范围种类不仅局限在生字、计算个别几个题型上，鼓励所有题型进入当堂练习。

那是一个非常困难的时期。老师们普遍不知道把练习安排在什么时间，哪个环节进行。大家都觉得时间不够用，安排不了当堂练习。有的老师说，我讲都讲不完，哪有时间练习。有的老师说，安排了练习我每节课都拖堂。有的老师说，不讲学生不会做题了。总之，各种各样的说法都来了，改革变得十分艰难。

改革成于坚持。不论大家怎么说，我们一律默默承受，一如既往推进变革。虽然老师们觉得练习进课堂很别扭，但碍于学校坚持，很不情愿地做着。终于有老师的课堂突破了，几个月后的测试，分析成绩时发现各班成绩都有提高。再一对比，发现学生不光是成绩提高了，他们课堂上的参与程度明显好于以往，在课堂上越来越自信了。至此，大家接受了练习进课堂。

三、讲练结合，突出梯度（2005—2009年）

随着大家对练习进课堂不断地实践，得与失的教训也经常出现在我们的反思里。一线教师实践能力强，但研究能力却一般，大家习惯于听话、看样，也就是领导说咋干就咋干，谁干得好了就学习他的干法。可是在干的时候会走样，由于教师特点和对学生的要求、管理、爱护程度不一样，同样的做法出现了不一样的结果。我们认真分析了成绩好的班级，也分析了不好的班级，以及小学生年龄特点。得出结论，教师课堂行为要规范。

该讲的必须讲，这是我们深刻思考后的结论。讲什么，大家没有分歧，重难点和学生错误之处讲，多年来大家已经习惯了。但是什么时候讲和怎么讲出现了争议，老师们提出，把课堂教给了学生，学生学得专心致志，总不能打断学习老师来讲吧。还有，过去教师按照教案一环扣一环地往下讲，现在停了，学生学习，讲课往哪个环节插？再说，练习也要进课堂，一节课四十分钟，练习用了十分钟，还要学生合作学习，哪有时间给老师讲。

如何让老师讲起来，成了课改亟须解决的问题。实验还是先从练习突破的，练习缓解教师何时讲如何讲，大家的建议是把练习按照难易程度分层，简单的学生学会即可，教师讲学生不会的。后来实验效果不错，于是大家想，新知识学习也可以分层。学生已有知识储备，新知识里有他们会的部分。学生已经具有学习经验，有些新知识利用他们的学习经验自己就能学会。于是教师的讲就出现在他们解决不了的问题上，和新知识里需要教师教给学生的东西上。

经历了这些试验，学校教科研梳理出了一个成果，叫"讲练结合，突出梯度"。后来我们把这个成果作为推进各科课堂教学改革指南，引导教师在自己的课堂上大胆实践。这样的研究，持续了四年。

四、学讲练结合，突出梯度（2009—2011 年）

2009 年，我的工作发生了调动。原来那所学校是一所农村学校，有学生四百多人，教师二十多个人。新调入的学校是一所城市学校，有学生一千多人，教师七十多人。学校的变化，意味着参与改革试验的人员发生了根本性改变。

新学校的课改怎么做？我坚持了过去几年的做法，把"讲练结合，突出梯度"带到了新学校。不过，在推行改革的时候，把名称改成了"学讲练结合，突出梯度"。这是总结经验，认真反思的结果，我们认为，必须把学生的独立自主学习放在第一位。

我们以"学讲练结合，突出梯度"为题申请了自治区级规划课题，带领学校教师非常专业地开始了课堂教学改革。有了八小六年的改革经验，有了新学校的新思考，有了区市县各级教研员和课题专家的指导，我们的改革进行得轰轰烈烈。

五、学讲练 70 分教学模式（2011—2013 年）

2011 年 4 月，山东杜郎口观摩学习成为我们改革的一个转折点。此次学习令人十分震撼，给我们带来了巨大的冲击力。反思我们的改革，觉得步子小了，反思杜郎口的改革，又觉得步子大了。如此一类，好像渐渐找到了改革的合适点。于是，5 月我们就对改革提出了新的建议，走上了再次改革的新征程。

我们把课改名称改为"学讲练 70 分教学模式"，以"231"界定课改目标和要领。2 指课前预习 30 分钟和课堂教学 40 分钟，3 指学讲练三个学习策略和师生角色定位，1 指培养学生学习能力。为了让老师们知道课怎么上，我们也学习杜郎口对四十分钟课堂时间进行了划分，对课堂上教师教学行为和学生学习行为也进行了规定，新课改就这样开始了。

　　坚持改革我们是执着的，推行课改我们也是认真的。利用一个暑假，我们精心设计了改革名称、结构和方案。设计时，我们参考了学校一位乔老师的先进经验，在练的思考上做得多一些。源于"学讲练"，把预习导学案起名为"学讲稿"。制定了用于指导教师编写学讲稿的意见，组织教师集中培训，认认真真进行改前打磨。

　　做改革和做课题是不一样的。之前做"学讲练结合，突出梯度"时，老师们没有感觉到压力，主动配合学校改革试验。到了要真正推行课堂教学改革时，人人压力巨大，在启动会上，出现了传纸条现象，纸条上写着"一个敢想，一个敢干"。办法总比困难多，改革如期开始，一步一个脚印往前推行。校长和主任上了研讨课，成了第一个吃螃蟹的人，用他们的课进行研讨，效果是非常好的。期间教育局领导，各级教研员，以及社会、家长都十分关注改革，为改革建言献策。尤其是教研员们深入课堂，一次次提出改进建议，一次次指出问题所在，为改革推进做出了巨大贡献。自治区教研室副主任夏正健老师的一句话深刻影响了教改，他说，"人一辈子能做成一件事就不容易了，王校长，你一定要把教改进行下去"。教育局也为改革召开了阶段性研讨会，为改革注入了强劲的精神动力。最难能可贵的是改革中的老教师，有位马老师德高望重，她沉浸在自己的课堂上默默实验几个月，最后用数据和事实告诉大家，改革能够提高教学成绩，提升学生课堂参与率。因为老教师的肯定，让改革压力一下子轻松了很多，教师们的认可度慢慢提高。

　　2013 年改革迎来了第一次大改进。针对改革存在的问题，尤其是 2012 年4 月自治区教研室教研员们提出的宝贵意见，改革对"学讲稿"进行"瘦身"，对"课堂教学"进行"改造"。之前的"学讲稿"有两个误区，一是练习题替代预习，二是量大。改变后学讲稿按照预习规律思路做，不需要做习题，学生短时间就能完成。"课堂教学"也一改对时间的划分，而是按照教学环节分配学和教的时间任务。有了这次改变，改革走上了轻装上阵之路，注定后来越走越顺。

六、231 高效教学模式（2013—2016 年）

2013 年，北师大小学校长培训中心主任陈锁明博士走进金凤三小，对课改提出了建议。他提出"学讲练 70 分教学模式"不符合国家减负政策，要求我们改名。在陈博士和金凤区教育局赵玉林局长帮助下，课改名称最后改成了"231 高效教学模式"。

"231 高效教学模式"继承了之前十年所有的研究成果，只是提高，没有扬弃。"231"还是原来那个"231"，2 指课前预习和课堂教学，3 指学讲练三个学习策略和师生角色定位，1 指培养学生学习能力。此时课前预习已经没有了时间限制，预习相对自由一些。课堂教学也没有了条条框框，变成了清晰的"五环节四动作"。五个环节保留传统，用来规范课堂教学流程和衔接课前预习。四个动作是全新设计，用来约束师生教学行为，把学习权和课堂时间交还给学生。

为了高效推进改革，这个时期我们对学校教研形式和机制进行了大幅度改变。在"校内公开课"的基础上又增加了"组内公开课"，"订单教研""走班上课""跟班管理"等教研形式也闪亮登场。在教研机制推动下，"学讲稿"的瓶颈，"教师讲"的瓶颈等问题都逐步得到解决，改革驶上了快车道。

2013 年的改革有几个人还是要提起的。马老师、丁老师和其他几位教师这一年调入金凤三小，他们的到来给改革带来了春风、注入了活力。本来就是优秀教师，又没有经历改革之初的条条框框的束缚，几位教师对改革的理解和提供出来的课堂案例让人耳目一新。思维意识就是这个时期进入课堂的，成为课改实现巨大突破的关键要素。课堂上教师有意识的思维引导，学生思维火花闪耀的现实，彻底打破了沉静的死水，课堂活了。

2014 年教育部组织评选新中国成立以来首届基础教育成果奖，我们的改革成果经过评选，获得了国家级教学成果二等奖，成为宁夏中小学唯一获奖成果。这是我们改革首次获得官方表彰，而且是最高级别的表彰。获奖给社会、学校带来了巨大冲击，金凤三小和"231高效教学模式"进入人们视线。随后，金凤区教育局和金凤区政府先后在三小召开了表彰会，改革影响力越来越大。

期间也有一些学校来听听课，邀请我们去做做培训，一切都那么自然而然。银川市教科所调研过，在全市推广好经验好做法。自治区教研室召开了英语学科的现场会，总结提炼了三小经验。自治区教科所向全区推介了"231高效教学模式"，认为改革研究很有价值。宁夏大学给教师培训班提供了研究案例，引导各市县教师学习改革经验。各县区学校也出现了积极学习的现象，交流学习，讲座培训一时层出不穷。

七、说学教育（2016年至今）

随着改革的深入，改革在学生身上的体现越来越显著。来三小听过课的教师和专家，都被三小学生课堂上闪现的思维火花和流利通畅的表达所折服。三小的改革者们，也每日沉浸在学生精彩表现的幸福里。改革仿佛一下子安静下来了，没有大的波动，学校和老师们安安静静地做着课改。在平静的日子里，"说学"这个词汇逐渐清晰起来。教育是一门艺术，"说学艺术"是我们研究的方向。"说学课堂""说学课程""说学评价"这些名称一个个被提出，由此，"说学教育"诞生了。

提起"说学教育"，就必须说到冯恩洪校长。没有冯校长，就没有说学教育的今天。课堂教学改革是一个庞大而复杂的工程，是要经历"建模、优模、出模"几个发展过程的。由于视野狭小，我们长期在"建模"上原地改革。直到2015年遇到冯校长，我们才知道引领课改去"优模、出模"，也才有了后来的"说学教育"。

2016年，说学教育概念正式确定。恰在此时，冯恩洪校长第二次来到金凤三小。在听取了几堂课以后，他给出了最高评价，并从此开始带领说学教育团队走出宁夏。说学教育走向全国的第一站是广东珠海容闳学校，时间是2016

年 12 月 22 日。随后，陆续到达贵州六盘水、四川仁寿、河北易县、河北保定、北京石景山、江苏盐城、山西柳林、内蒙古呼和浩特、内蒙古阿拉善、陕西榆林、吉林、辽宁、黑龙江、河南、甘肃等省市。也多次迎来全国各省市兄弟学校的观摩学习，说学教育真正走出了宁夏，走向了全国，宁夏经验得到了推广与发扬。

第九章

说学教育的应用价值

说学教育作为一种高效教学模式，从实践中来到实践中去，具有很大应用价值，能够帮助教师快速成长，帮助学生提升个人素养和能力。

一、全面培养学生学习能力

说学教育的根基是"自主合作探究"三大学习方式，目的是教学生学会学习。学会学习，首先就是一个人的独立自主学习，学生有了独立自主学习的能力，并且养成了独立自主学习好习惯，才能称得上是会学习。其次，还要具有合作学习的能力和习惯，才能发挥众人智慧，把学习的品质和层次提升上去。

说学教育对学习能力和习惯的构建是全面、系统、科学的。课前利用"说学稿"预习，培养的是预习习惯和独立自主学习能力。为了培养这种能力和习惯，说学稿上做出了各种内容预习时的方法指导。同时在一个人独立学习的基础上，组建了两人小对子和四人小组，以他律促自律。在他律促自律问题上又把在家预习和次日早读时间结合起来，以看得见摸得着的形式促进每个人形成自觉学习的能力和习惯。

说学教育提倡"说学形式"，其自身就是方法论。说怎么说，学怎么学？在说学教育里，学不是大量的写，不是题海战术，以大作业量换成绩。但是，说学教育承认"小立课程，大作功夫"，认可学习是要勤学苦读的。于是，勤学在说，苦读在说，提高成绩也在说。如何去说？方法诸多，读、背、说、讲是关键。要想把"说学"变成一种个人学习能力和学习习惯，唯有天天读背说讲。

从实验案例分析，成绩最好的班级，不是教师课讲得特别好的班级，而是"说学文化"构建最好的班级。由于说学文化建设好，学生说学能力和习惯基本形成，每天通过说学复习巩固知识扎实有效，成绩当然要好。更为重要的是，这些学生后劲十足，进入初高中以后明显优于其他学生。为什么？因为学生自己拥有了学习能力和好习惯。

教师意义在"传道、授业、解惑"，即在于传如何学习的道，授人生至理的业，解困顿迷茫的惑。课堂上抱着怕学生不理解翻来覆去的讲解，能是"传道、授业、解惑"吗？"说学文化"构建最好的班级在干什么，他们通过读、背、说、讲让学生自主学习，通过小对子、小组让他律促自律还是培养自主学习。这样的文化熏陶下，学生得到的是什么，是学习方法，是学习能力，是学习习惯。比起获取的知识，学习能力和习惯才是能影响人终身发展的真金白银。

学生的潜能是无限的，说学改变了学习方法，实际上改变的是学习状态。过去就是没完没了的做作业，学生学习被动枯燥，慢慢厌学。说学不然，学生随时随地都可以变换说的形式和方法，随时随地都有展示自我的机会，随时随地都可以和伙伴比赛竞争。能变通就不会枯燥，"说中学"在聪明伶俐的孩子跟前是可以优化为"玩中学"的。以"说"为突破口，学生各种各样的潜能都会在"说中学""玩中学""赛中学"中得到释放的。

二、大面积提高教育质量

说学教育带给金凤三小最大的收获就是大面积提高教育质量。过去的三小默默无闻，就是一所不起眼的普通学校。如今的三小，则是社会、家长、学生广泛认同的热点学校。

说学教育质量高在学生学习能力强，习惯好。由于长期说学，学生"自主合作探究"已经内化于心，每日说学成为习惯，在说学中理清思维、获取知识已经成为个人能力。带着这样的能力，进入初中学习后，他们在班级里、学校里都能名列前茅。优秀者持续优秀，落后者持续落后。有了小学阶段奠定的说学能力和习惯，孩子们在后来学习，甚至终身学习中都能持续优秀。

说学教育质量高在学生学习方法多，形式活。因为摆脱了大作业量，用"说的方式"学习，而说又有学。说、读、问、仿、讲、述、释、导、谈、告、诉、评、议、论、思、辩、背、诵、练、写那么多种学习方法，随意选择，总有适合自己的。

愿意学习，才是王道。

说学教育质量高在学生素养好，全面发展。一个"说"能带动的发展太多了，学生以说为中心，各种各样的综合素养都会大幅度提升。心理关、语言关、胆量关、脸皮关样样过关，表达、对话、质疑、批判让学生的倾听、思维、价值观与众不同。这样的素养是影响人生的，意义非凡。围绕"说"字，说学课堂、说学课程、说学评价体系健全，培养学生素养遵循规律，环环相扣，学生得以全面发展。

说学教育质量高在于全员兼顾，一个不少。由于说学教育基于"自主合作探究"，始终把培养学生自主学习能力作为目标，通过合作学习实现了一对一，兵教兵，其结果就是无学困生或学困生少。转化学困生历来就是所有班级和教师花大力气所做之事，也是头痛之事。一个班级成绩，往往取决于最低成绩有多少。说学教育通过学生一对一，兵教兵化解了教师分身无术，顾不过来的瓶颈，做到一个都不少，一个都不放弃的育人目标。

说学教育质量高在于出现了小先生，学生师傅。学习金字塔理论描述了最高效的学习方法是"给他人教授"，组建小对子，就有一名学生扮演了师傅角色，要督促、引导、教授另一位伙伴学习。这个角色，扮演的就是小先生，学生师傅，在给他人教授时大幅度提升自己的学识和修养。从我校培养的孩子中，我们发现这样的小先生，学生师傅能力都很强，而且越变越强。进入初中阶段后，几乎都是班干部、课代表什么的。

三、大幅度提升教师教学水平

说学教育变了理念，改了方法，是一场大变革。一下子从传统教学模式转变为以学生为中心的合作式课堂，从人人喊苦的作业堆里转变为"说中学"，从凭借个人天赋和教师监督学习转变为自主合作探究学习，这个变化不可谓不大。为了适应这种变化，课堂、课程、评价等一系列教育生态都发生了变化，与之休戚相关的教师和教师教学行为怎能不变。

教师的变化，是教育思想和理念的变化。如果用教书育人四个字来区分的话，有一个时期老师们只管教书的事，眼里只有成绩。而说学教育引领教师回归本真，把育人作为教育的目的，把教书作为育人的途径。由于把"说学"界定为表达、对话、质疑、批判等意思，说学教育引领着教师教育学生准确精练使用语言，学会与人交流沟通，能够判断对错是非，敢于提出不同意见锻炼批判性思维。这些思想和理念的变化，对教师的影响是巨大的，教师的成长与提高也是必然的。

教师的变化，是教学行为和水平的变化。说学思想和理念一旦被确定下来，要想培养擅长表达、对话、质疑、批判的学生，就要从实际行为上做改变。否则，就是言行不一，说归说，做归做，两张皮。在教学中，教师就不能霸着讲台从头讲到尾，让学生完完全全接受教师交给他的那点知识，而是要思考怎么才能让学生具有较好的表达、对话、质疑、批判能力。在作业中，也不能为了成绩重复机械训练，而是布置一些能够提高学生表达、对话、质疑、批判能力的作业，很多作业也要从书面作业转变为口语作业。在设计教学和作业时，教师思维的方式和落实行为都要有一个更科学、更教育、更高水平的提升。

教师的变化，是课程观和教育资源的变化。这些年，教师和学生们已经习惯了《教材全解》《黄冈小状元》等一大批教辅用书和练习册。可是从培养学生表达、对话、质疑、批判能力及发展思维品质方面来看，教辅用书和练习册贡献率较低。甚至因为看这些书做这些练习占用了学生大量脑容量和时间，表达、对话、质疑、批判能力和思维品质根本得不到培养和发展。从这个角度看，说学教育必然引发课程观和教育资源的大变化。为了让学生表达、对话、质疑、批判能力和思维品质，就要开设一些相关课程。唯此，让学生发展才会真正实现。

四、利于构建一种教学文化

正如校风一样，一所学校教学也是有文化，讲品质的。

说学教育带来的教学文化是可复制的。在学校，教师与教师之间的互相学习是一种传统文化。说学教育最大的便捷就是可复制性，一些优秀教师，在学生训练、习惯培养、课堂教学、课程管理、日常测评、晨午读建设等方面形成了非常好的做法，这些做法又都是基于说学理念，学习相当于复制，比较容易。说学教育带来的教学文化是高频次。说学教育带来的教学文化是全员率。说学教育带来的教学文化是专注性。说学教育带来的教学文化是大舞台。

确确实实，几年的改革下来，三小创造出的个性化教研品牌能数出一大堆。

周周公开课，即周周都上公开课，这是三小为了推动说学教育改革，不分好课坏课，要求老师人人都上公开课产生的教研形式。公开课是一种课堂展示形式，我校则把这种形式演变为一种教师培养方式，周周安排教师上公开课。因为周周公开课是全员性质参加，所以对教师的锻炼和提高优势明显，教师们提高非常快。虽然累点，老师们——痛，并快乐着！

"周周公开课"是以学科组存在的大教研形式长，如果只有这一种形式，就会弱化教研，因为它可能冲淡教研组教研效果的现象。于是，我校就又提出了"年级共同体"概念。提出把教研组用"年级共同体"的建设思路进行建设，从而补全学科大教研和组内小教研形式。"年级共同体"，意即一个年级就是一个共同发展体，一个年级的一个学科就是一个共同发展体，这个共同体将一荣俱荣、一损俱损、共同发展，这个共同体把以往每周一次的组内教研活动分解到平时的每时每刻。比如，组内有人要上公开课了，这个共同体必须以团体的形式出现，集体备课——上课——说课——评课一条龙呈现。比如，编制"学讲练70分教学模式"学讲稿，采取一人编，多人用，也就是执笔是一人，思想是大家的，必须在多次研讨后才能成稿，编成使用。

逐级磨、五步走，是我们为了夯实教研，对一个教研过程进行的创新。就是说学教育教改实验研讨活动，由学校教改领导小组牵头，一个年级一个年级的过，一个学科一个学科的过。到了具体年级组，在上那节公开课之前，先要完成五个步骤。第一步，年级组教师编制学讲稿。第二步，课前集体研讨。第三步，课堂观摩。第四步，集体教研。第五步，年级推广。一般这样的一个研讨过程经历的时间大致在三周。因为每个年级组的同学科老师都有四到六位，加上教改小组的三四个老师，就是说，在大约三周的时间里，十名左右的教师集中在一起研究一节课，最后研究出来的这节课又让年级组内的几位老师拿回去到自己班里上，使得教研的深度加大，教研结果也最大化了。

三三制是针对"逐级磨，五步走"教研形式产生的新形式，即同课、同备、同上，自备、组备、校备。因为逐级磨五步走一个周期下来就是三周，尽管我们交叉研讨，但是也只能保证三周跟踪三个学科组，无法兼顾余下的十五个学科组。怎么办呢，总不能放任不管吧。于是，我们就想出了三三制这个办法。就是学校教改小组带领大家逐级磨五步走的同时，余下的那十五个学科组自己在组内三三制。就是以组为单位，几位同学科老师实行同课同备同上；备课时，同学科老师分工备课（一次备课），备好后拿到组里进行集体研讨（二次备课），组里备课后再和学科分管副校长或主任一起进行集体研讨（三次备课）。这种方法的好处就是"集思广益、相互补充、形成团队"。我校每个年级有四个班，这样就在每个年级形成一个四人团队。大家对一节课、一个教学内容进行"同课、同备、同上，自备、组备、校备"，大大提高了每堂课的效率，提高了每个教师对本节课教学内容的理解与驾驭能力，提升了教师个体的业务水平。

主任带教制是我们为了强调学校对教学改革方向的引领，发明的一种教研形式。由主管教学的副校长、教导主任带教。带教包含两层意思：一是"带课"，副校长、教导主任每学期至少要做一次公开课，起到示范引领的作用，意为带领课堂教学的方向；二是"带人"，副校长、教导主任每学期至少带 1—2 名青年教师，每周进入他们所带班级上 1—2 节常规课，起到手把手教的作用，意为带领青年教师快速成长。通过这种方式，将刚刚走上工作岗位的青年教师和学校里对教学最有发言权的教学管理人员对接起来，能够最大限度地避免新教师走弯路，无谓浪费大量学习时间，实现最快捷成长。通过主任带教，每学期都给教师呈现一堂 231 不断进化的课堂，引领着老师走在正确教改的路上。名师带徒制。这又是我们对"主任带教"的一次强化，因为教学副校长、教导主任就那么两个人，由他们上课，面太小，引领方向还可以，引导教师成长的力量就太单薄了。于是，我们把学校所有的名师都发动起来，由学校现有名师带徒弟。学校专门建立了名师培养、管理、考核机制，成立了名师团队，在肯定优秀教师，给大家确立发展方向的同时，拓宽了教师培养渠道。截至目前，我校已经发展了两批名师，第一批入选名师 6 名，第二批入选名师 4 名。由学校统筹安排，为每位名师配 1—3 名徒弟，通过带徒弟的方式加快青年教师的进步。这种方式则是把青年教师和学校里水平最高、能力最强、德行最好的名师对接起来，从教学水平、敬业精神和做人道理等各方面都形成对新教师的言传身教、熏陶感染，潜移默化中培养青年教师。

在解决了"学校大教研与组内教研""教研组整体推进和各组自我教研""教学领导与所有名师"这几对点与面的关系之后，我们发现，还有个别人需要进一步强化。于是，我们又想到了"订单教研"。就是对具体需要个别指导或者跟踪指导的教师，在学期初或某一阶段，给她下一份听课任务单，既包括学校领导听她的课，也包括她去听别人的课。主要还是以她本人做课，领导听为主。这种研究形式推出之后，对一些确实需要个别指导的教师促进最大，这些教师往往在听过两三节课之后，就能有一个变化，一学期之后，变化很大。

走班上课是对"订单教研"的一个推进形式。走班，就是让同年级的优秀教师走进需要指导教师的班级，给她的孩子上课，面对面示范，等于是手把手地教。走班上课的好处是，学生是被指导教师的，她最了解，优秀教师在这个班级上出的效果她最清楚，使得她对优秀教师的课更容易理解接受，也最容易汲取其中的精华，达到学习的目的。

跟班管理是"走班上课"从课堂教学向班级管理延伸的一种尝试，效果非常明显。我们将一些有经验、有办法的老教师，分别分给一些新教师或者班级管理存在问题的教师。这些老教师每天都要在早自习、课间操、放学领队以及课堂上走进所跟班级，对这些班级在各个方面进行指导，帮助他们尽快掌握班级管理的方法，积累经验，成长起来。

在一个个新经验、新做法、新名词出现的同时，学校的教研文化也就随之形成了。金凤三小正是在这种创新与创造中构建了三小教研文化，既内涵丰富，又形成了较好的社会口碑。

五、最适合新教师培养的专业模式

各地教育每年都要补充很多新教师，由于大学教育与中小学教育在实践性培养方面存在严重脱节，加之师范类院校的缺乏，以及进入教育口的大学生专业复杂等原因，新教师培训工作已经迫在眉睫，不得不高度重视。

新教师的特点就是无从下手，不知道从哪里开始。说学教育的特点恰恰是规范每一个环节，教老师干啥，咋干。所以，两者一拍即合。我认为，说学教育是最适宜新教师培养的。

其实，在抛出最适合新教师培养这个观点之前，几年来，说学教育在我们的教师身上已经有一些例证了。例一，我们学校有很多老师，教了十几年，几十年书了，其中还有一些老师很有名，但是大家却存在一个致命弱点，那就是上课执行教学设计，从开课到下课不折不扣地执行，脑子里想的从来都是不能落下哪个，或者上不完了。而在课前准备教学设计时，又完全依赖教案书，离了教案书就不会写教学设计了。这种现象虽然早被发现，但是我们却长期找不到解决办法。可是在说学教育试验中，我们找到了办法。由于说学教育的学讲稿，无处参考，说学教育教学设计，更是哪也没有。于是，这些都必须有老师们亲自思考、亲自编写，结果在实验一年以后，我校的老师们就人人对课堂有几个环节了如指掌，各个离开教案书都能写出教学设计了。例二，我校有一些中年教师，看教龄不短了，但是她们却有一道坎跨不过去，那就是最怕听课。有时候，我专门走进这些教师的课堂，想一点点帮助他们克服恐惧，成长起来。可是，当看到她们那颤抖的身体，听到那唷唷巴巴的声音，我也不愿意再加大他们的压力了，心想，只要她们一个人钻在班里能把学生带好也就算了。但是说学教育改革实验一段时间后，我发现情况变了，这些老师不再那么恐惧听课了。有一年金凤区教育局年终评估学校时，我校杨燕老师上完课后主动找到我说，校长，我今天的课上得不错，看着她兴奋的笑容，我内心一阵欣喜，她终于不怕听课了。后来，这名老师到农村联盟学校去交流，在一次盟校教学研讨活动时，她也来了，原来，她是作为授课教师的指导老师回来参加活动的，看着她在集中教研时脸上放光的自信和侃侃而谈的风采，我也笑了。例三，我校每年都有从农村学校交流过来的老师，有个六年的特岗教师，来了以后，我们去听课，结果一节课下来，我们都糊涂了，不知道这节课到底在干啥。显然，这名教师是不会上课的。于是，我们把说学教育理念教给她，要求她一边听同年级组教师的课，进行课堂复制，一边学习理解说学教育。结果，两个星期以后我们去听课，这个老师的课已经让我们大吃一惊。后来分析原因，觉得是这样的，一是说学教育模式很清晰，课前怎么预习，课堂有几个环节，每个环节干什么，都清清楚楚，一看就明白，学起来容易。二是天天听课复制课堂，有现成的样子可学。三是现在的大学生知识底子不薄，缺的是方法和经验，说学教育教学体系完成简约，一看就懂，使他们一学就会。

今年，我校扩张得很快，学校一下子缺了十七八位教师，于是，通过引进大学生志愿者、三支一扶以及自聘的办法，学校进了一批新人。面对这么多新教师，就是手把手教他们也不现实，教导处哪有那么多人去跟踪指导。于是，我们采取了集体培训，培训的内容就是说学教育，要求他们全体学习说学教育，用说学教育模式去上课。为了不让这些新人们走弯路，能彻底理解并掌握说学教育，我们又配套制定了周一备课制和组内公开课。结果，一个月下来，这些新人们的课上得有模有样。

有了以上具体案例，能教会教师上课已经是毋庸置疑了。那么我们再来分析一下说学教育的先进性，看看把它敢不敢介绍给新教师。新课程提出的三大学习方式是"自主、合作、探究"，冯恩洪教授提倡的中国好课堂的好课标准是：问题、合作、交流和导学，说学教育的理念是"先预习，再教学"，提倡先学后教；课堂环节是"对学、交流、导学、训练、拓展"，提倡自主学习、合作学习、交流学习。由此看来，说学教育理念就是好课堂的理念，就是新课程改革倡导的理念，也就是当下最先进的理念，把它交给新教师完全没有问题。

从此，我就形成了一个新观点——说学教育最适合新教师培养。